皇居炎上

なぜ、多くの殉職者をだしたのか

中澤　昭

近代消防社　刊

はじめに

東京は、連日連夜の空襲で、焼け野原になった。

「東京に燃えるものがなくなった」と、米国は東京を空襲リストから外した。リストから外された昭和二〇年五月二五日。その日、日本の聖域とされていた、皇居が炎上し、多くの消防士が死んだ。

「日本は負けた」

皇居炎上で、身を挺《てい》して消火活動をした体験者は言った。

だが、この全容を知る関係者はすでにいない。惨事を知っている人も少なく、惨事を語り継ぐ人もいなくなった。

「大量虐殺、それは東京でもあった」

こんな書き出しで、東京大空襲での消防隊の活動記録を「東京が戦場になった日」と題し、拙書を著わしたのは一〇年以上も前のことである。

元消防士として、過酷で悲惨な空襲を体験をした先輩達の奮闘ぶりを、ささやかながら後世に残すことが出来たという自負があった半面、「これでよかったのか」という悔いがつきまとった。

悔い、それは、空襲で皇居が炎上し、消火活動をした多くの消防隊員が無念の死を遂げたという重要な事実を、簡記するだけに留めてしまったことである。

なぜ、皇居を火災から護るためだけに特別に選ばれた精鋭部隊の消防隊員から、多くの殉職者を出したのか。あらかじめ周到な準備がなされていたはずなに、なぜ皇居全焼と言う最悪な結果を招いたのか。その責任の所在はどこにあるのか。いくつもの疑問があったにもかかわらず、それを解明し文字にすることができなかった虚しさが残っていた。

日本の敗戦が決まると、軍部の厳命で膨大な空襲火災記録などを記した関係書類が焼却処分され、たまたま処分の網をすり抜けられた、ごく一部しか残っておらず、事実を詳細に分析・解明するだけの資料はほとんどなかった。それに年月が経ち体験者からの聞きとり、情報を得るのも難しくなった事なども書き得なかった理由の一つではあった。だが、それにもまして皇室関係にとっては暗く忌まわしい出来事であり、汚点とも取られる多くの殉職者を出した負の歴史を更に掘り起こす行為は、皇室に対するいわば「不敬」にあたるのではないか、というわだかまりが、私の中に根強く残っていたのも否めない事実であった。

戦後七〇年という節目の年を迎え、新聞、テレビ、ラジオ等の報道各社は競って戦争や空襲などの特集を組み報道合戦が展開された。そしてその報道によって、多くの人々は戦争の虚しさや平和の尊さを改めて再認識したに違いない。しかし、私があわい期待をかけていた空襲による皇居炎上についての報道はついぞ見られなかった。

「やっぱり――。」と言う、落胆と諦めの気持ちが生じたが、やはり報道機関でも、皇居炎上の記録や情報が不足で記事や画像にするには事足りなかったのではと、私なりに理解した。

「ならば、自分の手で――。」と言う、高揚する気持ちを抑えることができなくなってきた。

そして、遅きに失し「何を今さら」と嘲笑されようが、内容が乏しく顔をしかめられようが、自分なりの手法で皇居炎上の記録を書き残したいと密かに決めた。

終戦から七〇年。高齢化がすすみ戦争の語り部となる体験者はほんの一握りの存在となり、戦争を知らない世代が圧倒的に多くなった。そしてどこを見渡しても戦禍の跡形は消え、戦争や空襲は遠い過去の事として風化しつつある。

そこで、今や最後の機会と考え、是が非でも皇居炎上にまつわる消防隊の死闘の記録をまとめようと決めた。だが七〇年と言う歳月は、貴重な体験談を聞くチャンスを奪い、頼りは少ない手持ちの文献や資料、それに先輩から聞き取っておいたメモ帳と言う、心細い条件の下での執筆を覚悟せねばならなかった。

炎上と言う灼熱《しゃくねつ》地獄から運よく潜り抜けられた消防隊員たちの口は固く閉じ、黙して語らぬ先輩達から無理やりに聞き出したものが、私の記憶の中に断片的ではあるが残っていた。しかし、それでもまだ十分ではなく、一向に執筆がはかどらない日々がしばらく続いた。

そんな時、皇居炎上の空襲体験記を書き記した、今は亡き先輩消防官の娘さんと連絡がとれた。娘さんは「家では仕事の話は一切しない父でしたが、これだけは決して忘れてはならないと決意して、書き残したものだと思います。ぜひ使って下さい」と話してくれたことが、迷っていた私の背中を押してくれた。

限られた資料と記憶と言う、心細い情報を頼りの執筆活動は、加筆と削除をしては読み返す日々が続き、皇居炎上の全容を追い求めたいと意気込んだ初心とは裏腹に、まだ十分解明できない無念さはある。したがって、とても「全容」とはいいがたいが、その一部分でも文字にて残したというささやかな思いはある。

いつの日か、誰かが、真実を明らかにしてくれることを期待してキーを叩く手を止めた。

目　次

第四章　迫りくる危機

第七章　迫り来る大空襲

第八章　東京炎上・三月一〇日東京大空襲……247

序章

昭和の時代を一言で表せば戦争につきる。

空襲、防空壕、灯火管制、配給、勤労奉仕………。一般庶民の日常語であったこうした言葉は、平成の時代の若者たちには死語となった。

昭和という時代は後世に何を残していったのか。

昭和の時代をふり返って見ると、国策という名の力が、個人の尊厳と自由を踏みにじり、いかに多くの国民を不幸に陥れたかを改めて思い知る。

東京大空襲だけを紐解《ひも》いて見ても、国策の名の元でいかに多くの人々が、過酷な運命に翻弄されたか計り知れない。

「敵機は一機たりとも入れない」と軍部が豪語したにも関わらず、いとも簡単に侵入を許し日本の空は米軍機で埋まった。やがて日本本土は焦土と化し、一家全滅、戦争孤児、浮浪者、そして餓死………と、何の落ち度もない非戦闘員である庶民の語り尽せない辛苦と悲劇を生んだ。さらに、「お国のため」との一言で、猛火に挑んだ消防人たちの、悲壮な声なき声に耳を傾けることなく黙視され、多くの消防隊員が無念の死を遂げざるを得なかった。

そんな戦前の生活を、じかに体験した世代は少なくなった。

空襲があった事は知っていても、東京大空襲のあった日が「三月一〇日」であると即答できる人は少ない。さらに、その東京大空襲から二か月半後の空襲で、聖域と言われていた皇居が炎上し、多くの消防隊員が殉職した事を知っている人は皆無に近い。

冒すべからずの皇居が炎上し、東京が焦土と化したのを見届けた米軍が「東京を空爆リストから外した」と言い放った言葉は、日本の敗北を意味していた。

「われ敗れたり」

銃後と言われた日本本土、東京は正に戦場と化していた。その戦場の最前線で盾となって傷つき倒れた消防隊員達は無念の涙を流した。


なぜ、消防隊は負けたのか。

その一つが、国策としての日本の防空政策にもあった。

日本の防空には、陸軍主体の「軍防空」と内務省による「民防空」の二つがあった。

日本は大海と言う天然の要塞に守られていると言う古《いにしえ》からの考えが固定化し、攻撃だけを重視して、防御は二の次と軽視されてきていた。つまり「攻撃は最大の防御」を不変の鉄則としていた。

その考えのもとで、戦闘集団である日本軍隊の編成や作戦、装備などの全てが、敵地への侵攻進撃が基本で組み立てられ、日本本土への空襲に備える軍防空は、日本攻撃を狙う敵の基地を占領することにあった。

昭和一二年にできた「防空法」の第一条でも「――空襲被害を軽減するのは陸海軍以外の者が行う」との民防空の基本が示された。

陸海軍は敵機の侵入を阻止するもので、侵入してしまった敵機による空襲被害の軽減は民防空、つまり内務省の責務とされたのである。それは、敵機侵入を阻止できなかった軍隊のミスを、民間が後始末をする事であると、国民に義務つけたものであった。

軍にとって防空とは敗北思想につながるものと捉えられ、軍は本土空襲を軽視する傾向にあった。だが、海の要塞を一挙にくつがえす新戦力が登場した。それは航空機であった。

航空機の出現で戦術が大きく変わった。

大艦巨砲主義にこだわっていた日本軍は航空機を主力とする近代戦術に後れをとり、連戦連勝が逆転して連敗が続く戦況となった。昭和一八年、ようやく本土空襲が必至と気付いた。そして防空法最後の改正がなされた。

それには「――陸海軍大臣は防空計画を設定し主務大臣に提出すべし――」と軍防

空の積極的関与を促したのである。

一方の民防空では日米開戦以前に軍隊の力をあてにしない「防空法」によって防空計画、訓練、灯火管制と言った基本が定められていた。だが、戦況の悪化で本土への大空襲が現実視され、消防態勢の強化が急務となった。しかし、既に「時は遅し」で、空襲軽視のツケは大きく、その場しのぎの対応に追われ、被害拡大へとつながっていった。また、果敢なる士気を鼓舞させる意図から「退避の禁止」や空襲の怖さを煽《あお》り人心を委縮させないために空襲被害の「会話の禁止」といった、人心の束縛が被害を増大させてもいた。

知られざる皇居炎上の惨事の陰に、こんな国策としての日本の防空政策の存在があった。

第一章　敗戦への道

知られざる奇襲攻撃

「トラ・トラ・トラ」

暗号信号が日本へ届いた。

日本本土から遠く離れた太平洋上から、日本軍の「ワレ奇襲ニ成功セリ……」の暗号文である。

日本時間、昭和一六年一二月八日午前三時一九分。「全軍突撃せよ」の「ト・ト・ト……」のト信号の発信が合図で、日本軍が米国の軍港ハワイの真珠湾へ奇襲をかけたその時から、一三四七日に及ぶ長い日米戦争が始まったのである。

ハワイの現地時間、一二月七日午前七時三五分。

日本軍の第一次攻撃隊が急降下して爆弾を投下し始め、午前八時二五分ごろまでに終わった。次いで、第二次攻撃隊一六七機がハワイ上空に到着、第一次攻撃隊に代わって絶え間ない攻撃を続けた。そして午前九時四五分、ハワイ上空から日本機の姿は消えた。

一時間五〇分の空爆は戦闘時間としては「アッ！」と言う間の時間であったが、全く予期せぬ攻撃を受けた米軍兵士や市民にとっては、無限の長さに感じたと共に一瞬の出来事にも感じたに違いなかった。

米軍の被害は、停泊していた艦艇九四隻の一八％にあたる八隻が撃沈され、飛行機一七九機が撃破、死者二千四百四人、傷者六二七人となった。


国の存亡を賭けた重大なこの日米開戦の日を知っていた日本人は、この奇襲を企て、決定し、実行した、ほんの一握りの人達だけに限られ、大本営陸軍内部でも参謀総長以下数名の作戦首脳者にしか知らされてはいなかった。

「何だ、これは――。」

ハワイ奇襲を全く知れされていなかった大本営陸軍部の通信部内では、混乱が起きていた。

「ト・ト・ト………」のト連送に次いで「トラ・トラ・トラ………」の連送を捉えられたが、通信員は何のことか分からず、責任者である上官もそれが何を意味しているかを理解できずにいた。

互いに顔を見合わせ冷静を装いながら耳を澄ます通信員。突然、通信員のレシーバーから暗号ではない衝撃的な平文を耳にして驚愕《きょうがく》する。

「真珠湾空襲さる。演習でない。これは演習でない」

「ＳＯＳ　日本の爆撃機によってオアフ島が攻撃を受けている」

慌てふためく平文電信が次から次へと飛び交う。

やっと海軍部からハワイ奇襲攻撃成功の一報が大本営陸軍部に届いた。「なに――」。

陸軍部内にいた全員が一瞬、茫然《ぼうぜん》自失となったが、「やった」と言う興奮と「えっ……」と言う驚きで部内は興奮のるつぼと化した。

更に歓喜の声が上がった。

午前四時。「南タイに奇襲上陸　成功せり」の電報が入電した。

凍てつく寒さの中、東京三宅坂の陸軍省参謀本部の部屋は熱気に包まれた。

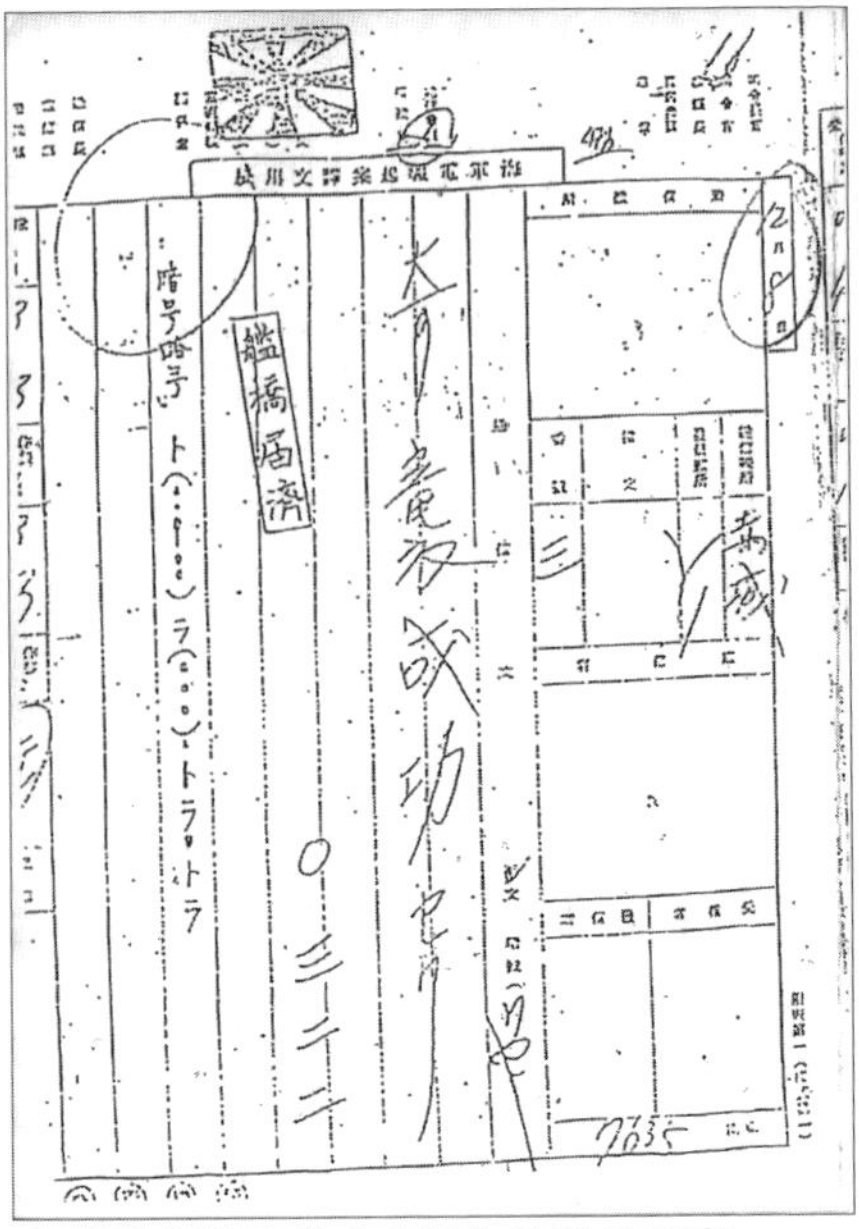

真珠湾攻撃の成功を伝える暗号電文

慌ただしい一二月八日の朝が明けた午前七時、勇壮な軍艦マーチに次いで、臨時ニュースが日本国中に流れた。

「大本営陸海軍部発表。帝国陸海軍は今日未明、西太平洋において米英軍と戦闘状態に入れり」

国民にとっては、正に寝耳に水の臨時ニュースで、その驚きは大きかった。

この開戦を知っていたのは極く僅かな作戦担当の高級軍人だけであって、国民の知らないところで密かに、国策という名の許で、一握りの人達によって日本国は奈落の底へと転げ落ちていくのである。

何も知らされなかった国民は、大本営の大勝利と言う発表の美酒に酔い日本中が歓喜にあふれていた。だが、それが、つかの間の喜びであることを国民が思い知るのも時間の問題であった。

米国本土では午後三時のラジオで初めて日本軍による真珠湾攻撃の政府発表が流れた。

日本大使館前には、米国市民が続々と集まり、怒りの罵声を上げ、中にはビンを投げつける人も出て来た。

大使館の庭から煙が上がった。機密書類を焼却と暗号機械の処分を始めたのであった。その煙を見た米国市民はさらに興奮し、暴徒化の恐れもあり警察官の厳重な警戒態勢が敷かれ、緊迫した状態が続くことになる。

「これで、この戦争は勝てた」

イギリス国の首脳はそう断言した。

当時、ヨーロッパ戦線では、ドイツ軍に破竹の生き勢いで侵攻され、苦戦で苦しんでいたイギリス国は、この日本軍の真珠湾攻撃の一報を聞き歓喜の声が上がり、イギリス国首相ら首脳部らが「これで、この戦争は勝てた」と断言した。

厭戦思考であった米国の世論が一挙に参戦へと傾き、参戦を渋っていたイギリスの同盟国アメリカが、この日本軍の奇襲攻撃で連合国として参戦することが決定的になったからに外ならなかった。

あたかもこの時、ソ連のモスクワまで三二キロに肉迫していた日本の同盟国ドイツ軍が、冬将軍の到来による厳寒に遭遇し総退却を始めたのである。

日本軍の真珠湾奇襲攻撃は正に、日本国敗戦への道でもあった。

進む勇気と退く勇気

日米開戦前から、日本政府、軍首脳も日米間には圧倒的な国力差があり、日本が米国に勝てるわけがないと分かっていた。

武官として諸外国へ派遣され自他ともに米国通と言われていた、連合艦隊司令長官ですらハワイ奇襲攻撃の「半年か一年の間なら暴れる事はできるが、二年、三年となれば確信は持てぬ……」と言い切っていた。

つまり、緒戦で電撃的な勝利を勝ち取り、相手の戦意を打ち砕いて有利な和平交渉に挑もうとする日本軍の自己勝手流な打算があった。だが、日本の目算はことごとく裏目にでる結果となっていく。

「戦前の日本には外交はなかった」と酷評する論者は多い。日本にも政治外交はあったが自分勝手な独善的やりかたで、複雑多様な国際社会を透視するような視野に欠けた外交だったと評されてもいた。しかも、軍部や国民を代表とする議会や行政などの横の連絡協調に欠けた外交に終始してしまっていた。

天皇も、無謀な戦争を始めたら先祖に申し訳ないと言った考えで、「戦争より外交で難問題を解決すべき」とも言い、戦争回避を願っていたのである。

だが、その意に反し、対米戦争が始まった。

なぜ、勝てない戦争に、日本は突入してしまったのか。

それには、諸説があるが、開戦の詔書では、帝国の「経済的生存」と「安全保障の確立」そして長期目標の「東亜の安定」であった。

二〇世紀は世界各国とも、資源独占や植民地拡大などで内紛と戦争で明け暮れていた。資源の少ない日本も中国や極東地域へ進出し、東南アジアを統合した経済圏を作ろうとしていた。

列強の仲間入りして軍事大国となり、しかも東南アジアなどへ勢力を伸ばそうとする日本の飛躍に、米国は警戒感を持つようになった。そしてついに米国は強硬な手段をとった。それは、日本への石油などの輸出を制限する経済制裁を加え、さらに、「中国から撤退し、満州を元に戻せ」と日本に要求してきたのである。

日米間の関係はぎくしゃくし、日米の関係改善の交渉が頻繁に続けられた。

国際社会の情勢認識を甘くみていた日本国軍部は、軍特有の神がかり的「精神主義」を振りかざし「もはや開戦しか道はない」と独走を始めていた。

当時の日本の基本法典であった明治憲法には、大きな欠陥があったのである。明治憲法を悪用すれば「専制政治」を行える危険があると警告する賢者もいた。

「天皇は神聖にして侵すべからず」（憲法三条）

この規定は、天皇は国政上の責任は負わず、天皇を輔弼《ほひつ》する国務大臣がその責任をおうことになっていた。

「天皇は陸海軍を統帥する」（憲法一一条）

この統帥権とは軍隊を指揮する天皇の大権である。軍部はこの統帥権を補佐するのが軍部の専権であるとして、軍に対する政治の介入を排除し、自ら暴走を繰り返した。

天皇は一貫して戦争回避の意向であったが、立憲君主の立場を堅持して、自己の意見や主張を控えざるを得なかったのである。

―✍―統帥権―――

「統帥」とは作戦用兵に関することを指す。

明治憲法下、統帥に関しては内閣から独立した陸軍参謀総長と海軍司令部総長が天皇を直接補佐した。国防方針の決定は「統帥権」の範囲外で、国務大臣が責任を負うと考えられていたが、次第に軍部は、何やかやと統帥権を拡大解釈して政治への介入を強めて行った。

昭和一六年九月五日の夜、日米の国力差を顧みることなく独走を始めた軍部を押しとどめることも出来ず、軍部の盲信的とも言える交戦願望の力に引きずられざるを得なかった近衛文麿首相は、天皇に大本営政府連絡会議が新国策「帝国国策遂行要領」を決定した旨の内奏をした。その内容は。

「帝国は対米戦争を辞せざる決意のもとに、おおむね一〇月下旬を目途に戦争準備を完遂する。外交交渉により一〇月上旬ごろになってもなお我が要求を貫徹し得る目途がつかない場合は、ただちに対米開戦を決意する」

と言う、正に日本の宣戦布告そのものであった。

天皇は「これを見ると、戦争が主で外交が従であるかのような感じを受ける」と、ご下問を重ねられた。そして陸軍と海軍の両総長に「外交と戦争準備は並行させず、外交を先行させよ」と、あくまでも交渉を重視するように求めた。

翌日、昭和一六年九月六日午前一〇時。天皇臨席しての太平洋戦争へと突き進む御前《ごぜん》会議が開かれた。

議題は「帝国国策遂行要領」である。

御前会議では天皇は意見を述べないことが慣例となっていて、会議の前に、関係者の「拝謁」の場を通じて自身の意見や思いを伝え、それを御前会議に上げる議案に反映させていた。そして、御前会議での天皇の質問は枢密院議長が代弁するのが慣例であった。

しかし、この日（九月六日）の天皇は、通例を乗り越えて自ら「質問をしたい」と内務大臣に伝えていたのである。前日に陸海軍の両総長の説明を受けたが、天皇は決して納得はしていなかったのである。

「戦争が先で、外交は二の次だと思っているのか」

枢密院議長の口を通じて、天皇の強い思いを鋭く問うたのである。

これに対し、海相は「外交が主、戦争準備は従とする」と明言した。

そして、会議がまさに終了せんとする時、天皇はポケットから紙片を取り出し明治天皇の歌を二回読みあげた。

「四方《よも》の海皆同胞《みなはらから》と思う世になど波風の立騒ぐらむ」

まさに異例のことであった。天皇の読み上げる言葉に、会議場内はシーンと静まり返り、皆が鎮痛な思いで聞き入っていた。

その歌の内容は明らかに、天皇の非戦の意思表示であり戦争回避を進めることを強く求めるものであった。

だが、この日決定した「要領」では、一〇月下旬を目途に対米英開戦の準備を完遂させること、また外交を進める一方、一〇月上旬頃までに要求貫徹の目途がない場合は、直ちに開戦を決意することをきめた。

ここに日本は戦争への道に大きく前進したことになる。

日米間で行われていた戦争回避の外交交渉が難航し、行き詰まった昭和一六年一一月二六日、米国のハル国務長官から日本側

宮殿・正殿玉座（謁見の間）

に手渡された「ハル・ノート」は日本に対する最後通牒《つうちょう》でもあった。だが、日本側では到底受け入れられぬ内容であったため「ハル・ノート拒否」を決定、つまり日米開戦を決断したのである。

後は、日本側が宣戦布告を告げる外交手段として、日本の最後通告をハワイ奇襲攻撃の三〇分前に手渡す段取りになっていたが、日本国側の事務的不手際によって、ハル長官に手渡したのは、最後通知の予定時刻であった午後一時をはるかに超えた午後二時二〇分となり、米国へ通告した時には既にハワイ奇襲攻撃が開始された後であった。

真珠湾奇襲で火ぶたが切られた日米開戦後、インド、マレー半島など東南アジアの資源地帯を占領し、開戦の詔書にある自在自衛の作戦はひとまず達成できた。だが、安全保障となるとその範囲が定かでなく、どこまで進出すべきかが曖昧になっていた。

勇気には、前に進む勇気と退く勇気がある。進軍ラッパで勇ましく闘う方が拍手喝さいで絶賛されるが、退くと言う事は失敗や敗退の汚名が付きまとい敬遠される。その「勝てば官軍　負ければ賊軍」の思想が日本人には根強く育まれていた。その結果は、戦線は限りなく広がり戦局は消耗戦と化し、開戦前に危惧していた通り、米国との総合的国力の差によって日本は敗戦への道へと転がり落ちていくことになる。

――✍――ハル・ノート――

ハル・ノートと言う名称は正式なものでなく、当時の米国の国務長官であり、対日交渉を行っていたゴールド・ハルの名をつけて便宜的に呼んでいるのである。書面のタイトルには「日米間の同意のために提案された叩《たた》き台の概要」とあり冒頭に、極秘、試案であり、拘束力はない、と記載され、米国からの最大限要求を明示したものと言う色合いが強い。内容的にも米国がそれまで度々主張してきた中国や太平洋地域での権益の解放や、貿易の自由化を再度求めたものになっていた。

この時点で日本は、一二月一日までに外交的解決が行えなかった場合には対米攻撃を行う事を決定しており、真珠湾攻撃をする機動部隊がすでに出航していた。この段階から四日で対案をまとめて合意を進めるのは不可能であった。

日本への復讐

不意打ちの日本軍の爆撃で、米太平洋艦隊の戦艦八隻が撃破され約二四〇〇人の米国側戦死者が出た。

通告なしの卑怯《ひきょう》な攻撃がアメリカ人魂《たましい》の怒りに触れ「リメンバー・パールハーバー

(真珠湾を忘れるな)」と米国世論が一挙に結束へとつながっていった。

「正義は必ず勝つ」

「悪は必ず暴かれる」

このアメリカ人の気質《きしつ》は、西部開拓時代に培われた自分を守るには正義と法を守ると言う思想につながっていた。

銃社会で生きるには、正々堂々と勝負することが正義で、背後から襲うのは悪というルールーを守らなくてはならなかった。ルールを相互に守ることが、互に助け合い、自分が生きるためであったのである。

日本の真珠湾攻撃は正に、無防備の者を背後から襲う憎き、ならず者が行った許しがたい非道な行為として、すべてのアメリカ人は受けとった。そして、日本人とは、無法者、卑怯者、極悪非道の野蛮人と言った悪者のイメージを植え付けさせてしまったのである。

また更に、黄色人種の日本人は白人より劣るという人種偏見を、露骨に態度に表しジャップ(jap)と差別語で日本人を呼び捨てた。

そして、日本人を、米国側からみて同じ敵国のドイツ人、イタリア人とは特別扱いの差別をして、米国の市民権を持つ日系アメリカ人だけを敵国外国人と見なし、厳重な監視下におき、私有財産を没収、市民権を剥奪《はくだつ》。さらに、スパイ容疑があるとのあらぬ理由を付けて、牛・豚などの家畜用の鉄条網で囲む強制収容所へ入れるという、人種差別の迫害とも見える制裁を加えられる結果にもつながっていった。

卑怯な真珠湾攻撃を受けた米国内では、「ジャップをこの世から抹殺せよ」と言った過激な言葉が飛び出し、やられっぱなしで手をこまねいている弱腰の政府に対しアメリカ民衆は、日本国へ怒りの仇討ちを強行するよう迫った。

悪き日本人に対する憤怒《ふんぬん》はマグマとなって高まり、その怒りの先鋒が政府への不満へと噴出してきていた。もはや安閑としていられぬ米国政府はそのマグマのはけ口を「憎き日本人への復讐」へと駆り立て行った。

その復讐の第一弾は「日本本土への空爆」であった。

極秘の東京空襲作戦

「一丁、やってやるか」

楽天的で冒険好きなアメリカ人気質が、無理を承知でも「一丁、やってやるか」の発想と行動力が、東京初空襲決行の原動力となっていた。

屈辱の真珠湾攻撃で大被害を受けた後も、マレー沖海戦をはじめとする日米合戦で、ことごとく日本軍に惨敗し続けていた米国軍。いかにして日本軍の鼻を明かそうかと躍起になっていたが、これと言った妙案が浮かばなかった。だが、米国の世論は、「座して待つ」という猶予を許してはくれなかった。

「やるしかない」

米国軍は決断した。それには、相手が奇襲できたなら、こっちはそれを上回る奇抜なやり方で復讐してやろうと、米国艦隊司令長官アーネスト・j・キング海軍大将は、真珠湾攻撃に匹敵する日本への報復攻撃は、日本の首都「東京しかない」と断言。しかも日米両国を「アッ」と言わせるぐらい、早期にしかも迅速に実行し、その効果を上げなくては意味がなかった。

米国はさっそく、東京を攻撃目標とする極秘の作戦計画に取り掛かった。

現有の爆撃機で日本本土を空爆するには、航空機の離発着できる陸上の航空機基地を必要としていた。だが、連戦連勝を続ける日本軍の現戦力からみて、早急に基地を手に入れることは無理なことであった。

しかし、米国軍には、日本軍の真珠湾攻撃を免れていた無傷の機動部隊があった。温存していたこの機動部隊の航空母艦を最大限に活用することが、唯一の有効な手段と結論づけた。だが、この貴重な空母で東京攻撃を成功させるには、幾つもの難問が横たわっていた。その一つが、いかにして東京へ接近できるかがポイントであった。

空母からの小型艦載機では航続距離が短く、日本軍の国防守備範囲外から空母の滑走路から発進では、日本本土への接近は不可能であり、また、空母が日本軍の哨戒《しょうかい》線を強行突破すれば日本軍の反撃は必至で、温存してきた貴重な空母が沈没される危険が多かった。

日本を取り巻く大海は自然の要塞になっていた。日本軍は日本本土から五四〇㌔の海上沖合まで、外敵を反撃できる陸上基地があり、その基地にはゼロ戦など精強な航空部隊が配備され、更に九〇〇㌔の海上を監視する監視艇が哨戒していたのである。

米国は、これからの近代戦には航空機が主役になることを既に戦略として考えて、長距離大型爆撃機の製造を急いでいた。しかし、米国政府には長距離大型爆撃機の完成を待つだけの時間は許されなかった。しかも、極秘で早期に事を成し遂げるには、戦術的に無理難題が山積していた。しかし、「やるしかない」の決意を変えることはなかった。

奇妙な訓練と小細工

ついに、米国は賭けともとれる一つの決断をした。

その難攻不落な要塞を突破して東京に一撃を加えるには、日本の監視警戒網ギリギリまで接近した所から、飛行距離のある航空機に燃料を満載にして飛び出し、一気に日本本土を空爆。後に、日本上空を突っ切り、東シナ海を横断して、中国東部の飛行場へ向かうというもので、燃料切れの場合には不時着するという、一かばちかの奇想天外な作戦を考えなくてはならなかったのである。

この奇想天外な作戦を実行できる好人物がいた。飛行機レーサーとして鳴らした根っからのヒコーキ野郎のジェイムズ・H・ドゥリトル陸軍中佐である。二つ返事で「俺しかいない」と快諾し爆撃機の指揮官となって作戦に加わった。この東京爆撃隊の人選にも楽天家で冒険好きなアメリカ人気質が窺《うかが》えるのである。

厳重な軍機密である、一かばちかの東京初空襲計画が昭和一七年一月に決定し、秘密裡りのうちに準備に入った。

出撃する航空母艦の艦長ですら出航するまで事実は秘密にされ、爆撃機の隊員らも計画を知らされてはいなかったのである。

何も知らされない隊員達は奇妙な訓練に戸惑った。

フロリダ州の陸軍基地では、白線で印された地面を滑走路に見立てて、三万ポンドの重さを積んだ陸軍機で七〇〇～七五〇フィートの短距離の離着陸訓練を繰り返し行われた。

「何なんだ、これ？」

「いいから、黙ってやれ」

ドゥリトル隊長の返事は決まっていた。

隊長がその目的の答を言ったのは、作戦実行で軍港を出航してからであった。


日本軍の警戒網ギリギリの海上から発進させて東京を空爆する機種には、米軍で最も航続力のあるB25爆撃機に機種を決めた。だが、三〇〇〇キロを飛び続けるには、燃料のガソリンタンクの増設が必要となった。

防護に欠かせない機銃を取り外し、乗員の座席も外したりと、ガソリンの補助タンク増設や、非常用としてガソリンを満タンにした軽量のゴム容器を通路に積み重ねたりと、機体改造が図られた。正に、B25爆撃機は「空飛ぶタンクローリー」に変貌していった。

ここでも、何も知らされていない整備士らは戸惑っていた。

「どう、なっているんだ、これ？」

答えは決まって「お偉いさんの命令だ、黙ってやれ」の一言であった。

訓練に励んだ搭乗員と機体改造に勤しんだ整備士達に見送られ、「空飛ぶタンクローリー」に変貌したＢ25爆撃機一六機は、昭和一七年三月三一日サンフランシスコ湾岸の海軍基地へと飛び立ち、四月一日、空母「ホーネット」に乗せられた。

ここでも空母の乗務員らから戸惑いの声が上がった。

Ｂ25爆撃機は大きすぎた艦内の格納庫に収まらず、一六機は甲板上に所狭しとばかりにギッシリと積まれ、中には尾翼が飛行甲板から外に飛び出すのもあった。

「いったい、どうなっているんだ？」

ここでも答えは「お偉いさんのやることだ、黙ってやれ」であった。


「仇をとってくるぞ」

四月二日、サンフランシスコ湾岸は穏やかな春の日を迎えていた。

Ｂ25を満載した空母ホーネットの他に、巡洋艦、駆逐艦などに守られて静かに米機動部隊が出航していった。桟橋には見送る家族や恋人たちがいたが、その行先と任務は知らされてはいなかった。

翌日、米国本土から遠く離れた海上に達した時、総指揮官のハウゼー提督から「我が機動部隊は日本本土を空爆することが任務である」と全隊員に告げ、今後は、無線交信は一切してはならぬ隠密行動であることも知らせた。

「やった——。」

艦内は歓声が上がり、いつまでもこの興奮が続いていた。

「俺たちが仇をとってくるぞ」

隊員たちにギラギラと闘志の炎が燃え上がったのである
出航して一五日目、荒れる海上で空母ホーネットは最後の給油をすませた。用を終えたタンカーから「成功を祈る」と乗組員が手を振り、タンカーの姿は浪間に消えていった。残る空母二隻と四隻の巡洋艦は、荒波を突いて爆撃目標の日本本土へと猛スピードで向かった。

空母二隻を引き連れた米機動部隊は、高く荒れ狂う浪間に身を潜め、無線交信を切り、日本軍に感づかれないように祈り、ただひたすら前進するのみであった。まだ見ぬ日本本土へ接近するにつれ、陽気だった隊員たちは無口になり、艦内は規則正しく響くエンジン音だけなっていた。

やるか、やめるか

昭和一七年四月一八日午前二時一〇分、空母エンタープライズのレーダーに二隻の艦艇をキャッチした。

「戦闘準備」

全艦に緊張が走る。

全艦が一斉に全速力で迂回をし、コースを変えた。

東京にはまだ一二〇〇キロも離れている。「日本の哨戒線は八〇〇キロのはずだが」と、各艦の監視員は頭をひねった。

やがて、レーダーから艦影が消えた。しばらくして予定のコースに戻し、哨戒機を飛ばし上空からの監視を開始した。

無線交信は一切禁止、頼りはレーダーと哨戒機の情報のみで、重苦しい緊張が続き、隊員の顔から笑みが消えた。

目標の東京まで一二〇〇キロ、まだ東京は遠かった。

「敵に発見されたものと認める」

六時四三分、眩しい朝日が射る中、監視警戒中の哨戒機から母艦の甲板に、通信板が投下された。

ついに、空母エンタープライズが二〇キロ先に日本軍の監視艇を発見した。その日本の監視艇は「第23日東丸」である。

ハルゼー提督は、「やるかやめるか」と迷った。

「これ以上の前進は危険だ。温存していた貴重な空母を失う危険がある。東京への爆撃の望みはうせた」

「何を、いまさら……」

提督は東京空爆を半ばあきらめていた。だが、隊員たちの士気は燃えていた。

隊員たちはまだ見ぬ東京の方角を見据えていた。

爆撃隊長であるドゥリトル中佐の「夜間攻撃を変更して、真っ昼間にやりましょう」の一言で決行がきまった。

東京まで一二〇〇キロ、予定より二〇〇キロ以上手前からの発進である。

「やるしかない」

急きょ変更でごった返す空母エンタープライズが揺れた。そして七時二五分、ついに一番機のドゥリトル隊長が荒天を突いて舞い上がった。

「ワー」と歓声があがった。

一六機の爆撃機が西の空に消えるのを見届けると、機動部隊は全速力で海上から姿を消し帰路についた。

一方の日本軍は連戦連勝に酔い、日本本土への空襲は「ありっこない」と関心は薄く、楽勝ムードに浸っていた。

この時、敵機が頭上に来ることを予期した日本人は、誰一人いなかった。

開戦日は多忙になった帝都消防

「戦闘状態に入り」

昭和一六年一二月七日早朝、警視庁消防部もラジオ放送を聞いて開戦を知った。

消防部の当直員は、日米開戦を告げる臨時ニュースを聞き、驚き、うろたえ、慌ただしく関係部署へ連絡するなど混乱が起きた。しばらくしてから、消防部長から管下の消防署長宛に立て続けての緊急命令を発せられた。

*午前九時一〇分……非番消防官吏全員の在宅待機を下命。

*午後〇時……規定計画に基づき諸準備を完了すると共に、特別緊張待機を下命。

*午後四時……消防部長は全消防署長を招集して「警戒には万全を期せ」と署長に訓示、緊張勤務を指示。

*午後5時……東京に警戒警報が発令。

非番員全員を非常招集、警備態勢の強化を図る。

*午後七時……警防団員全員を非常招集。

*翌九日、午前七時……警戒警報解除。非常招集を解除。


「勝った勝った」と日本中が祝賀ムードに包まれていたが、民防空の要である消防は緊張の一日であった。翌朝、太陽があがった頃、消防隊員の寝不足の顔にやっと安堵を浮かべることができた。だが、この戦勝の報を受けたとたん、慌ただしい騒ぎは何だったのか。軍部からの公式な知らせはなかった。

その後、一二月の九日、一〇日、一一日、一三日、一四日と、立て続けて警戒警報の発令と解除がなされ、不気味なサイレンが東京全域に響きわたり、庶民の不安は募っていった。だが、奇妙な事に、一五日以降は警報の発令はなく、年末から年始は消防も平常の勤務体制に戻り、通常の業務である火災予防警戒に専念することが出来ようになった。

だが、消防が安閑と過ごせる日はそう長くは続かなかった。

年を越した昭和一七年の三月、米軍は復讐心に燃え、東京空襲を決行するための隠密の猛訓練を行い、決行の日を待つばかりになっていたのである。

同年三月五日。突然に空襲警報が発令され、サイレンが響き渡った。それはあたかも東京初空襲をあらかじめ予想されていたかの様でもあった。

それは同時に、日本の聖地皇居を空襲から死守するために、皇宮警察部から警視庁消防部へ、警報発令と同時に消防隊を応援出動するよう要請がなされたのである。この応援要請こそが後の、皇居炎上時に殉職という悲劇の「特別消防隊」の誕生につながって行く。

【消防部警備状況第二三七号】（昭和一七年三月五日）

一、午前八時〇八分　空襲警報発令ト同時ニ各消防署長ニ対シ右伝達スル。

二　午前八時三〇分　皇宮警察部ヨリ応援要請アリタル。

三　午前八時三五分　皇宮警察部ヨリノ応援要請ニ依リ第一地区隊司令部司令に命ジ既

定計画ニ基キ宮城及大宮御所へ左記応援部隊ヲ派遣セリ。

記

宮城へ第一地区ヨリ二箇小隊（五個分隊ポンプ車五台）隊長以下三五名。
　大宮御所へ第一地区ヨリ一箇小隊（二箇分隊ポンプ車二台）隊長以下一三名。

四　午前八時五五分　各警防隊長ニ対シ即刻警防地区隊規程ニ基キ空襲時ノ態勢ニ即応スベキ旨指示ス。

五　午前九時一八分　空襲警報解除　各消防署長に対シ右伝達ス。

六　午前九時三〇分　警防部長ニ対シ予メ揮発油販売業者ニ貯蔵セシメ置キタル防衛用揮発油ノ購入方ヲ指示ス。

七　午前一〇時〇分　警防地区隊規程ニ基ク空襲時態勢ヲ解キ署員及警防団員ノ出動ノ出動ハ警戒警報下に服セシム。

八　午前一一時一二分　東京府防空本部消防部ハ同時刻ヲ以テ解止セリ　以後ノ報告連絡ハ平常ノ通リニ復ス。

真珠湾攻撃で始まった日米開戦の一二月八日、日本軍部も、上官から部下の一兵足までがピリピリとした緊張感につつまれ、その夜は、ちょっとした異変を感じた警戒哨《しょう》の監視員の「報告」で直ちに警戒警報が発令され、その夜の東京は暗闇につつまれた。

「敵を壊滅したとい言うのに、なぜ空襲警報を出すんだ」

庶民は灯りを消した暗闇の中で夕食時、家族全員が不機嫌な顔でちゃぶ台を囲まざるを得なかった。

そしてその後も、九日から一四日の朝にかけて、警報の発令と解除が繰り返され、消防はそのつど、警戒態勢に入り、庶民も不自由な生活を強いられたが、いずれの日も、敵機が侵入したと言う確認はなかった。


「敵に多大なる損害を与えた」

大本営がハワイ奇襲攻撃の戦果を発表したが、米軍の太平洋艦隊は遠く海上に離れていて日本軍の攻撃をかわし、米国の既存戦力の航空母艦は温存され、米国機動艦隊は健全であった。

多大の損害を与えたことは事実だが、日本軍のもくろんだ壊滅には至らなかったのである。

「米国の機動艦隊はどこにいるのか」

日本軍部は壊滅できなかった米国機動艦隊の存在を危惧していた。そして、日米の機動艦隊同士の直接合戦の作戦を練ると共に、いつ、どこから、日本本土への空爆と言う、米国の逆襲を想定して、防空の警戒態勢の強化を管下に徹底することとした。

情報戦で勝負が決まる

「一機でも本土には侵入させない」と豪語したが、念には念をと軍部は敵機襲来を警戒して、飛行機による上空監視をはじめ、海上の監視艇や陸上での監視哨等での厳重な警戒態勢を敷き、監視員は早期発見と早期通報を厳格に指示命令され、眼を凝らしての緊張した勤務を強いられた。そして「我れこそは」と第一発見の速報に競争心を抱く強気な面と、「もし、見過ごしたら」と言う叱責の恐怖心を抱く弱気の面の両面に、監視員の心は苛《さいな》まれていた。その結果、異変と感じたささいな事でも、確認はさしおいて、報告を優先として、自己責任だけは避けたいと言う自己保身に傾き、「飛行物体らしき物を発見」やら「国籍不明の飛行機らしきもの」との「らしきもの」報告が頻発した。

そして、その報告が上司へ、本部へ、本部は軍部へと伝達されるにつれ、その確認作業に追われ、「らしき物」がいつしか「敵機らしき物」へとすり変わって行った。報告を受けた軍部は「用心にこしたことがない」と注意を喚起する意味で「空襲警報」を発令し、結果的に「友軍機の見間違い」等といった誤報となり、実害はなく一件落着となった。

敵機の侵入の情報は、国の存亡に係わる最重要な情報であり、たとえ疑わしくとも速やかに警戒態勢を整え有事に備えることが、危機管理の鉄則である。その意味から軍部のとった空襲警戒報の発令は、全てがミスと言い切れない。だが、緊張感をもって警報を発令したにもかかわらず「見間違い」などで、空回りで終えたことを反省し、拙速を改め確実性を重視して軍部への信頼回復に努める事にした。

ハワイ奇襲攻撃の勝果で浮かれていた庶民には、頻繁に警報のサイレンが鳴ることに違和感を抱きだし、サイレンが鳴っても慌てず騒がずの無関心を装うようになってきていた。また、皇居内にもサイレン音が響きわたるから、宮内省などから軍幹部への見えない圧力が加えられたことも考えられ、警報発令に際しては、軍部は慎重な姿勢をとらざるを得なかったものと考えられる。

軍防空司令部の確実性重視の結果、一四日以降は、ピタリと空襲警報の発令がとまり、庶民は穏やかな年末を迎えられ、勝ち戦の余韻を除夜の鐘に託し、慌ただしかった昭和一六年は暮れた。

昭和一七年の新春は、不気味なサイレンの音を聞くことがなく、平和なひと時を過ごすことができた。

「真に勝ち戦の元日にふさわしく、殊に心気清爽なり」と政府高官らが緒戦の勝利に浮かれ、「今なら、勝てる」と信じ、宮中では恒例の年賀式があり閣僚や軍幹部らが続々と参内し、美酒に酔っていた。

そして、酔いを醒《さ》ます、サイレンを聞くことになるのは、雛《ひな》の節句の三月、突然に警報が発令された。


国の存亡を左右する「敵機発見」の任務を担う最前線の監視員には、情報収集と伝達方法等の基礎的教育や訓練は行われず、「早く見つけて早くしらせろ」の上意下達の精神論を叩きこむ講話のみで、監視警戒に必要なマニュアルすらなかった。又、監視員から始まる情報収集から伝達、確認、決定、活用、等々と言った人為的システムが構築されているとは言い難《がた》く、訓練された専門知識をもった人材も少ない等、軍部内の一連の情報処理の管理システムの網の目にも、至るところにほころびが生じていたと言える。

近代戦争は情報戦とも言われている。

日本国は世界各国の情報に疎く、誤った身勝手な情報を信じ込み、無謀な勝ち目のない戦争に突入した。

ハワイ奇襲攻撃で初戦は快勝したかに見えたが、その後の戦は情報に翻弄され敗戦へとつながっていった。

ハワイ奇襲攻撃の開戦から四か月後に、情報管理態勢のミスをつかれる東京初空襲が計画されている事を、日本人の誰も知る由もなかった。

第二章　まさか、まさかの東京初空襲

敵機動部隊発見

哨戒艇「日東丸」は、まさかの敵機発見に驚いた。しかも双眼鏡で見れば敵空母の巨体が波間に見え隠れしている。

船内の無線室から緊急報を打電した。

「敵飛行機二機見ュ　敵飛行機三機見ュ　進路南西」

「敵空母三隻見ュ　北緯三十六度東経一五二度………」

近海底曳き漁船として建造された日東漁業の鰹船「第23日東丸」から、立て続けに発信された緊急電報が日本軍司令部へ届いた。

それから三〇分後、日東丸は消息を絶った。

海上では新鋭の巡洋艦、上空からは戦闘機と、海空の両方から戦いを挑まれた民間の鰹船では、とっくに勝負は決まっていた。

「もはや、これまで」

打電を終えた日東丸は体当たりを決めて敵艦へと突進、轟沈《ごうちん》した。乗員一七人は全員戦死して、生存者はいなかった。

　壮絶な特攻魂を見せ付けられた米軍の兵士らは、日本兵士の強さに驚き、海中に没する鰹船を見ながら息を飲んだ。


　一方、無事に任務を終え、全速力で帰路を急いでいた米機動艦隊は、途上で日本の監視艇「長戸丸」に遭遇、これを轟沈させている。この監視艇の生存者の一人は当時の事を回顧録に記している。

「一二時三〇分頃、艦載機三機を発見し、六乃至七回の銃爆撃を受けたが命中弾はなく、わが方は小銃二丁で応戦した。五分ぐらいして西方にマストを発見、続いて空母を含む七隻ぐらいが見えてきた。艦長は「逃げても無駄だ」と言い敵の方へ突っ込んで行った。その後も連続銃爆撃を受けて電報を発信後、機関室に爆弾が命中、浸水して航行不能となったので艦長は重要書類の処分を命じ、一括して錘《おもり》をつけて海中に投棄した。私は艦橋の上の羅針甲板で見張りに従事していたところ、巡洋艦からの砲弾がマストに命中し一時気を失い、気がついてみるとマストも羅針機もなかった。艦橋に降りると艦長ほか一名が機銃弾により戦死しており、後部兵員室に生存者がおり、二名は自決していた。生存者五名が甲板に上がった時、艇は沈没し、五名は米艦に収容された。」（「北東方面海軍作

戦」防衛庁戦史室）

「敵機動部隊発見」

この最初に発見した「第23日東丸」の緊急通報を受けた日本軍司令部は、「まさか」と疑いを抱いた。

発見位置は東京から一二〇〇〇キロ離れた遠い海上、艦載機では早くても翌日の早朝にやっと本土に接近できる程度と日本軍部は判断した。

空母から「発進して帰還」できる、長い往復距離を飛行できる大型の長距離飛行機が、空母に積まれていることは夢にも思ってみなかった。

軍部は一応、午前八時三〇分に「警戒警報」を発令し、地上防空部隊は戦闘配備についた。

生かされなかった打電報

「敵空母三隻見ュ　北緯三六度東経一五二度……」

この「第23日東丸」の生命を賭けた緊急電報は生かされなかった。

日東丸からの無線が突然に途絶えた異変事態に、軍司令部は直ちに千葉県の木更津航空隊に日東丸の捜索を命じた。

八時一五分、上空で通常の哨戒飛行中の陸上攻撃機四機は向きを変え、消息が消えた海上捜索の任務についた。朝日がまぶしく射る海上にはどこまでも遠い海原だけが広がっていた。

九時三〇分、木更津沖はるかな遠くに、太陽の光で反射する豆粒ほどの飛行物体を発見した。

「双発の飛行機らしきもの発見」

司令部へ打電すると同時にエンジンをフル稼働して追尾した。

だが、その国籍不明の不審機の速度は速く、四三〇キロの全速力での追尾でも追いつかず、不審機は見る間に視野から消えていった。

司令部では同胞の捜索機を不審機と見間違えたのではないかと、その確認に時間を費やした。しかし、その後、正午までの二時間半の間は不審機などの情報はなく、軍内部での敵機襲来の警戒心は次第に薄らいで行った。

一方、捜索とは別の哨戒任務をしていた第一七飛行団の戦闘機も、いつものように何の異状らしき事もなく、燃料切れで帰途に入り、次々と着陸を始めていたのである。

「まさか、攻撃にやってくるはずがない」

「仮にやってきても、早くて一九日の早朝だ」

この日本軍の状況判断は誤っていた。

空母から発進した米爆撃機Ｂ25一六機が目指す東京は、すぐ目の前に迫っていたのである。

海上すれすれに、ひたひたと迫りくる米軍機に気づく人はいなかった。

東京は紺碧の空が広がっていた。

昭和一七年四月一八日。ラジオから正午の時報がながれた。

下町の町工場のモーターの音が消え、工員たちの楽しみにしている昼食弁当の時間である。風呂敷を解き手作りの弁当にはしをつけた時、爆音と共に頭上を飛行機が飛び去って行った。

「でけえー」

工員たちは、よもや敵機とは思わず、目を白黒させて飛行機を見送った。

「あれが、東京か！」

米軍の爆撃機のパイロットは操縦桿《かん》を握りしめた。そして胸に十字をかき「オー・マイ・ゴッド」と祈った。

「日東丸」に発見されて、急きょ、夜間攻撃から昼間攻撃へ変更して、空母エンタープライズから飛び出した一六機の爆撃機は、途中で日本軍機に遭遇することなく約四時間半の飛行で目的地東京上空へ飛来していた。

敵機発見の一報

「あれ、何だ――。」

爆音をたて、電柱すれすれに飛行する双発の飛行機が向かってきた。

「あれ、敵機だ――。」

翼に星マークのついた米軍機とすぐに分かった。

続いてもう一機が爆音と共に頭上をかすめて飛び去って行った。

一二時一〇頃、千葉県旭市の旭防空監視哨の監視員は「敵機来襲」の一報を航空本部へ通報した。二機が飛び去った後、市内の香取航空基地の宿舎から黒煙が上がった。一二時二〇分頃である。

この時の様子を記録した本がある。

――旭哨の「敵機発見」の」報告を受けた銚子の防空監視隊本部の受信者は、文字通り、飛び上がって驚いたのは言うまでもない。

「責任者を電話口にだせ」

との催促に、副哨長が通信員に代わって電話口に出る。

「本当に敵機か？」

との詰問であった。これに対し、

「いい加減な報告でなく、アメリカのマークをつけているのは私も現視《げんし》し、決して間違いではない」と返答した。

しかし、この返事について、銚子本部は納得できなかったようであった。同時にまた、私達旭哨内も大騒ぎとなった。控えの哨員も立哨台に駆け上がってきて、

「どんな飛行機であったのか？」

「本当に敵機であったのか？」

との質問責めであった。

「飯岡の土手すれすれにドス黒い色をしたアメリカのマークをつけた双発機が、一機ずつ西に向かって飛んで行った。超低空だから敵機の操縦士までよく見えた位だ。決して間違いない」

と繰り返し説明をした。

もちろん、敵機を発見した私達哨員は、極度の緊張と驚きから、このように筋たった説明であったかどうか、よく覚えていない。

ところが意外にも、私達哨員の「敵機発見」の報告に念を押した程の銚子監視本部が、どうして間違ったのか、それとも間違いを承知であったのか不祥ではあるが、上部の東部軍司令部に対し、「味方機の発見」として報告して終わったと言うことである。――（「旭防空監視哨の記録」福島勤著・自家版）

一方、本土防空で国民が期待していた防空戦闘機も、後手後手に追われていた。

哨戒警戒をしていた戦闘機も何ら異常もなく、任務を終え燃料も切れたことから基地に舞い戻ってきた。その時「敵大型機一機を発見」の一報を受けた。

「そんなバカな――。侵入機は空母艦載の小型機のはずだ。第一これほど早く襲来するはずがない、間違えたのでは………」

ここでも「まさか」であった。

それはウソから始まった

「情報は疑ってかかれ」とも言われているが、防空監視哨の担当者が最重要な情報である「敵機発見」を報告するには、それなりの責任と覚悟を持っての事である。それが「誤報」であった場合には不名誉な事では済まされず、本部から厳しい叱責と処分が待っている。また「正解」であっても「もっと早く出来なかったのか」「なぜ、遅れた。その理由は………」と言った責めや詰問が待っているのである。

そこには、情報管理と危機管理と言った重要な問題を一部の者に集中させた、上意下達に凝り固まった旧態依然たる軍組織の体質が見られた。

「なぜ、俺達の言う事を信用してくれないんだ………」

そんな監視員の思いをよそに、「敵機発見」の重要情報を受けた東部軍司令部は、空襲警報の発令を躊躇《ちゅうちょ》し、まず情報の確認を優先とした。

一二時一〇分、情報の確認に手間取っているうちに、東京に最初の爆弾が落とされた。

不意打ちの爆撃を受けた都民は、恐怖に慄《おのの》き逃げ迷う人、何が起きたのか分からず空を見上げる人など、混乱と静寂とが入り混じった奇妙な状況を呈した。そして、爆弾投下と言う現実を見せ付けられて、軍部はようやく敵機による空爆に気づき、手遅れの空襲警報を発令する事を決定したのである。

「どうなってるんだ」

東部軍司令部の作戦室の情報地図盤に赤ランプが次々と点灯し出し、その確認をする間もなく、ほとんどが真っ赤に点灯してしまった。

慌てふためく担当員。怒号が飛び交う作戦室。敵機がどの方面から飛来し、どの方面へ向かって行くのか、敵機の動きを掌握するのが困難な状況に陥ってしまった。

「まさか」の連鎖で後手後手に回った敵機進入の情報で、各部隊は待機中の迎撃機を慌ただしく発進させ、燃料切れで降りてきた機にもその後を追わせた。四〇機の迎撃機は数千メートルに高度を上げ敵機を捜したが、敵機は五〇〇メートル程度の低空飛行であったため発見できず、敵機の高度が判明した時には、時すでに遅く、東京上空から姿を消していた。

「敵機発見」の一報を「まさか」で疑い、ミスを重ねた軍本部は、今度は「敵機撃墜」の報告を鵜呑《うのみ》みにしてしまう、早とちりのミスをしてしまった。

敵機に立ち向かったのは飛行機だけではなかった。陸上から敵機を迎え撃つ高射砲隊があった。

空襲を防ぐには、進入する敵機を事前に探知する早期発見にある。その任務にあたる各地に設置された監視哨の見張りは、双眼鏡もなく肉眼が頼りのお寒い日本の防空監視態勢であった。そして期待する高射砲陣地に配備された高射砲は、昭和三年製の旧式砲であった。「攻撃を重視、防御は軽視」の日本軍の戦略上の弱点がさらけ出されたのである。

「敵機来襲」で高射砲隊は一斉に旧高射砲の発射準備を急いだが、準備完了時にはすでに敵機は頭上にきていた。しかも低空で飛び行く敵機に対し、正確な照準をあわせるだけの時間的な余裕もなく、乱射をくり返す状況となった。

敵機は急旋回したり急降下をしたりとアクロバット的な飛行を繰り返すため、隊員たちはその飛び方が、あたかも弾丸が命中したと思い込み「敵機撃墜」と威勢のいい声を上げ、その声を本部へ送った。次々と入る高射砲隊の「敵機撃墜」の報告とは対象的に、防空戦闘機からは一機も撃墜と言う報告は来なかった。

敵機が爆弾を落とし、東京から姿を消した午後一時五七分。東部軍司令部から日本軍の赫々《かくかく》たる「戦果」がラジオを通じ放送された。

「午後零時三〇分ごろ、敵機数方面より京浜地方に来襲《しゅうらい》せるも、わが空地両防衛部隊の反撃を受け、逐次退散中なり、現在までに判明せる撃墜機数九機にして、わが方の損害は軽微なる模様なり、皇室は御安泰にわたらせられる」

ラジオを聴いた国民は、すぐに軍部のウソを見抜いてしまったのである。

東京は危ない

町工場や店舗が混在する東京の下町、荒川区の町屋地区は活気のある町である。

尋常小学校を卒業するや、一四歳の坂井昭三は、ここ荒川区町屋の油問屋に小僧として働いていた。昭三の坂井家では、兄は兵役で満州に出兵、町屋の長屋に母と二人で暮らしていた。まだ子供の昭三の手間賃だけでは生活は厳しく母の手内職でやりくりしての貧困生活を余儀なくされていた。

「お昼だよ」

店の奥から主人からの声がかかった。

昭三は弁当を持って店の外に出た。天気のよい日の昼食場所は近くの原っぱに決まっていて、そこには町工場の職工らも三々五々と集まってきていた。

初夏を思わせる穏やかな春の日差しを浴び、母の作ってくれた日の丸弁当を開けた。

その時だった。突然に轟音《ごうおん》と共に、目の前に巨大な飛行機が現れ、頭上をかすめる様に飛び去った。

「ワー何だ、あれ」

原っぱにいた職工らは目を丸くして驚いた。

「ドカンー」

今度は、地べたが持ち上がる様な振動と、耳が破れる様な大爆音が起きた。

職工らは一斉に首をすくめて恐怖に震えた。

空襲の初体験であった、だが、空襲とはどんなものなのか、この時、職工らは知る由もなく、何が起きたのか互いに恐怖に怯《おび》える顔を見合わせ、その場に座り込んだままであった。

飛行機が飛び去った先を職工らが見た。そこには、もくもくと黒煙が上がっていた。

「アッー旭電化が――。」

荒川区内では誰もが知っている大企業の工場に突然、猛煙と火柱が上がった。火柱を見て初めて空襲に気付いた。

「大変だ！　空襲だ！」

誰かが叫んだ。それを合図に、職工らは蜘蛛《くも》の子を散らすように逃げだした。昭三少年も油問屋の店に向かって駆け出した。この時、東京ではまだ空襲警報のサイレンは鳴ってはいなかった。

「昭三！　お前の家が燃えているぞ！　俺も行く――」

店主が指さす方に火柱が上がっていた。

昭三少年の住む木造の長屋は炎に包まれ、手の施しょうもなく全焼となった。幸い母は逃げだして無事であった。

「空襲は怖い。生か死かは運命しだい」

東京初空襲を身をもって体験した昭三少年はきっぱりと言い切った。

「東京は危ない」と言う危機感もあって、全てが灰となり無一文となった坂井親子は、住宅密集地の荒川区から逃れるように田畑が広がる埼玉県川越市の親戚に身を寄せることになる。

この時、前年の一二月に防空法が改正され、一般市民は無断で東京から都外へ移住することを禁じられていたのである。真珠湾攻撃で火ぶたを切った日米戦争で、日本軍部はその時点ですでに空襲を想定していたのである。「一機も本土には敵機を侵入させない」と軍部が大見得を切ったのは、市民が勝手に東京脱出すると人手不足が生じ、軍事産業の衰退の元にもなりかねないことも理由の一つであった。また一方では東京脱出は「逃亡」と見なし、それが敗北思想につながりかねないと言う危機感が軍部に根強くあった。防空法の改正は国策として市民に防火義務を課したのである。

坂井親子は空襲で焼け出されて空襲被害者と言う理由で移住が許されたが、空襲被害の吹聴《ふちょう》や軍部等に対する批判は慎むことを強く指示されていた。

東京初空襲で焼け出された坂井昭三が、三年後に年少消防官となって「東京に燃えるものがなくなった」と米国爆撃隊長が言い切った、昭和二〇年五月の皇居が炎上した空襲火災で、再び空襲に遭遇するとは、この時は知る由もない。

尾久の町が初空襲を受けたことも、一瞬のうちに住民が犠牲になったことも、終戦後の長いあいだ忘れられていた。それは、初空襲の失態を軍部が隠ぺいするために、厳重に立ち入り禁止区域を設定して被災現場を隠したり、みだりに流言飛語をさせないように言論統制し、疑いのある場合でも拘留逮捕もあり得ると、強権発動をちらつかせて「見ざる、言わざる、聞かざる」を強要した結果であった。戦後二〇年を経て、もう戦後ではないと言われるようになって初めて、空襲の事実を知った荒川区の尾久の住民達が、命日にあたる四月に、慰霊祭を毎年行うようになった。そして、「空襲を風化させてはならぬ」と

「尾久初空襲を忘れないコンサート」を子供たちが集まりやすくするよう、小中学校を会場にして開催していると聞く。

――✍――防空法施行令（昭和一六年一二月…改正）――
「内務大臣ハ防空上必要アルトキハ其ノ定ムル所ニ依リ…………空襲ニ因ル危害ヲ避クル目的ヲ以テスル退去ヲ禁止又ハ制限スルコトヲ得………」――

空襲なんて平チャラだ

荒川区では工場と民家が空爆され大きな被害がでたが、同じ東京の下町でも、本所・深川・城東地域は空襲とは無縁であった。

朝早くから「ガタガタ」と物音が絶えない町工場が立ち並ぶ、城東区（現在の江東区）や墨田区は、労働者と職人の町である。

狭い路地の裏手にあるちっぽけな小屋で、軍事用の部品をヤスリ仕上げで生計を立てている一人の少年がいた。一三歳の時、満州開拓青少年義勇軍に憧れ、少年は単身満州に渡ったが、凍てつく寒さには勝てず凍傷にかかり、その治療のために傷心の帰国をする。親元を離れ、一人前になるまでは故郷へは帰らないと誓い、歯を食い縛って頑張っているのは一七歳になった加瀬勇である。

ヤスリ工の加瀬勇が働く作業小屋の窓越には城東消防署の望楼が見えた。消防署とは隣近所の関係で、いつしか消防隊員とは顔なじみとなり、加瀬勇のことを「いさむ坊主」と呼び、加瀬勇も負けずに隊員らの訓練を茶化《ちゃか》したりしては、怒られたりした仲であった。

突然に、いつもと違う異様なサイレン音が鳴り響いた。

加瀬は小窓を開けてみた。消防署の中庭に飛び出した隊員たちが右往左往しているのが小窓から見える。

「空襲」「空襲」と隊員たちが怒鳴り、慌てふためいている。望楼の上では隊員が指をさし、大声を上げながら叫んでいた。

東京初空襲の時であった。

加瀬は外に飛び出したが、慌てているのは消防署員だけで、道行く人はきょとんとしている。お昼時のせいもあるが町工場や近隣では、いつもと何にも変わることなく平静そのものであった。

この日、加瀬の住む城東区には敵機の姿は見ることもなく、空襲被害はなかった。

加瀬の初空襲の体験は「空襲なんて、ちゃんちゃら可笑しい。平気のへいさ」であった。だが、加瀬の知らぬ間に日本の戦局は悪化し、否応《いやおう》なしに国策と言う力に翻弄されていった。三年後には、東京が戦場と化す東京大空襲で、年少消防官として生き地獄を見ることになるとは知る由もない。

大隈講堂をかすめる敵機

早稲田大学は午前の授業が終わった。

快晴の土曜日、校舎から学生達が続々と出てきて、大通りの学生食堂に行列ができていた。

朝から警戒警報が出っぱなしであったが、食堂の店員も学生達も、警報が出ていても「又、誤報だろう」と警報慣れしていた。大通りを行き交う人々も、穏やかな春の土曜日を楽しむかのように、笑顔であふれていた。

遠くから低く鳴り響く異音が迫って来た。和やかな時を楽しんでいた人々から笑顔が消えた。そして、道行く人々は足を止め、怪訝《けげん》そうに空を見上げた。

早大の大隈講堂すれすれに、黒い一機の飛行機が飛来してくるのが目撃された。

「敵機だ！　敵機だ！」

誰かが叫んだ。

学校のサイレンが鳴った。

人々は慌てふためき、四方に散った。学生食堂に並んでいた学生達は、うろたえる人々をかき分け、学校へ駆け出した。

学生達は国家総動員法によって、全員が「学校報国隊」の組織に組み入れられ、空襲時には監視警戒や消火、救護などのを行うように任務が付与されていたのである。

「油断するな！」

銃を持った軍事教師が興奮した口調で怒鳴り散らし、駆けつける学生達に指図をしていた。

四月に入学したばかりの村山久も、駆け付けてきた学生の一人であった。だが、何をすべきか分からず、ただ人の後についていくだけで、うろうろするだけであった。

その内、「空襲警報」のサイレンが鳴り響いた。すでに敵機の姿は消え、遠くで「ポン、ポン」と高射砲の音が聞こえるだけとなった。

学校には被害がなく、付近にも危険がなくなったのを見届けた村山久らの学生や、道行く人々は「やれやれ」と安堵《あんど》し、慌てたことをはにかむ苦笑を見せその場を離れて行った。

後日、早稲田中学の生徒一名が、米軍機が投下した焼夷弾《しょういだん》の直撃を受けて即死した事を聞き、村山久は改めて戦争の非情を実感したのであった。この初空襲を体験した早稲田の学生のうち何名かは、昭和二〇年三月一〇日の「東京大空襲」の学徒消防隊員として辛苦を嘗めることになる。村山久もその一人であった。

焼夷弾

攻撃対象を焼き払うために使用する。第二次世界大戦時に米軍が開発したM69焼夷弾は、1発あたり、直径八センチ・長さ五〇センチ・重量二・四キロ程度。三八発のM69焼夷弾を子爆弾として束ねたクラスター爆弾。投下後上空七〇〇メートル程度で親爆弾から分離、木造家屋への貫通力を高めるため、姿勢を垂直に保つようにリボンが取り付けられている。上空で分離時に使用した火薬で子爆弾のリボンに着火し、それがあたかも火の雨が降るように見える。落下して、屋根を突き破ると爆発してゼリー状の油脂のナパーム材に着火、一面に撒き散らし、一体は火の海となった。昭和二〇年三月一〇日の東京大空襲では一夜にして一〇万人が死亡、同月一三日・一四日の大阪大空襲ではB29が二七四機が一七三三トンの焼夷弾を投下、中心部約二一万平方キロ（甲子園球場約五三〇個分）住居約一三万六千個が灰になった。ベトナム戦争で米軍が大量に使用したナパーム弾も油脂焼夷弾の一種である。

上意下達の弊害

坂井昭三少年が住む荒川区町屋町の近くに、荒川消防署・尾久出張所がある。毎朝、油問屋へ行く途中に、ひときわ高い消防のシンボルの望楼が眺められた。当時は、電話のある家は少なく、火事になれば消防の望楼が有力な火災発見の手段であった。さらに、望楼は防空法によって、敵機侵入の発見や延焼状況などの情報収集と報告が、勤務員に義務づけられていた。

風もない穏やかな春のひと時、あくびも出る、のんびりとした気分で望楼の回廊を回っていた勤務員は、ふっと、異様な音を耳にする。耳を澄まし目を凝らすと、音は急に轟音となって高まり、黒い物体が望楼にぶつかるような低空で向かって来た。思わず首をすくめ、勤務員が見たものは巨大な図体《ずうたい》をした飛行機であった。

「アッー!」

突然な事で、勤務員は息をのんだ。そしてわが目を疑った。てっきり日本の飛行機と思っていたのが、見慣れた「日の丸がない」。間違いなく「星マーク」を勤務員がはっきりと見た。

次の瞬間、爆音と地響きがした。そして、振り向くと火柱と黒煙が上がった。

のんびりとしていたところに、突然に、しかも立て続けに起きた心胆を震わす「まさか」の異常事態に、勤務員は度胆《どぎも》を抜かし、うろたえ、慌てた。

「空襲だ！　空襲だ！」

勤務員は叫んだ。ただ、「空襲」だけを連呼し続けた。

「何をやってんだ、早く本部へ通報しろ！」

爆音と地響きで異変に気付き、外へ飛び出した仲間の消防隊員が、慌てふためく勤務員へ向かって怒鳴った。

われに返った勤務員が震える手で電話機を握りしめ、興奮した口調で東京初空襲の第一報を伝えた。

「何ッ！　そんなバカな。空襲警報もでていないのに………」

本署も本部も本気にはしない。

「本当だ！　旭電化の工場が燃えている。星マークの敵機だ！」

勤務員の必死な訴えに「ちょっとまて」と無為な時間を費やすことになる。

日本軍の連戦連勝のニュースに日本中が浮かれ、消防界も同様に楽観ムードにどっぷりと浸かっていたのである。そして消防機関も階級社会の上意下達と言う組織上の弊害が生じていた。

電話と言う通信機能の整備が遅れていた時代、火事や事故など災害時には、消防の高所見張りの望楼が情報収集の重要な拠点であったはずだが、「望楼勤務は下級」と蔑《さげす》み。その重要な任務を担う下級の者の声を軽視し、疑うと言う。上から目線で下級の者を見下す、上級幹部の誤った権威思想の存在が見られた。それは又、日本人の「長い物には巻かれろ」の処世術と、親や目上の人を敬い、従順さが求められた日本人の精神構造にも遠因があった。

なお、電話通信の普及と高層建物の出現で、消防のシンボルであった望楼による高所見張りはその役目を終え、昭和四九年に東京からその姿が消した。

警察機関も軽視した空襲報告があった。

荒川区の尾久警察署通信技師の深谷は、昼食を終え通信室のそばのバルコニーで食後の休憩をしていた。

春うららかなひと時、うとうとと眠気に誘われ、ぼんやりと空を眺めていると、眠気をやぶるように飛行機の爆音が聞こえて来た。

「珍しいな――」

久しぶりに見る飛行機を眩《まぶ》しく眺めていたが、見る間に低空で迫って来た。「変だな！」と思った瞬間、飛行機から何かが落ちた。

「ドドン――」

大音響と同時に鋭い閃光《せんこう》が走った。

すぐ近くの旭電化工場から黒煙と火柱が上がった。

「何だ！　どうした！」

突然の大音響に驚き、同僚達が慌てふためき外へ飛び出してきた。

「敵機だ！　空襲だ！　間違いない」

深谷はベランダから同僚達に向かって叫び、すぐさま通信室から本部へ非常通信信号を送信した。

「何をバカな事を！」

本部は「まさか」と驚き、すぐに軍司令部へ連絡したが、軍部もまた「まさか」と虚《きょ》を突かれ「しばらく待て！」と上層部の指示を仰ぐ狼狽《ろうばい》ぶりであった。そして深谷に返ってきた言葉は「貴様、何を血走ってる！　空襲警報も出ていないのに、流言飛語も甚だしい。懲罰だ！」と脅しにも似た怒鳴り声であった。

尾久警察からの「敵機来襲」を告げる貴重な一報は一蹴されたのである。

「何をしているんだ――。」

じりじりしているうちに軍から「空襲警報発令」の通知が出た。記録では空襲により爆撃された時間は一二時一〇分とあるが、一五分遅れの一二時二五分に初めて「空襲警報発令」が出された。その時には既に敵機は爆弾を投下して東京上空から飛び去った後であった。

「まずかった――。」

地元警察の貴重な一報を「まさか」と疑い、逆に「懲罰だ！」と脅した軍と本部は、自らの失態を内々では認めてはいたが、失態を覆い隠そうと姑息《こそく》な手段をしだした。今までの強がりから態度を一変し、手のひらを反す様に、早期発見と迅速的確な一報の功労を讃《たた》える賞揚の手続きが検討されていた。だが、いつの間にかその賞揚の話は闇の中に葬られてしまったのである。

当時の趨勢《すうせい》として、権威を傘にきて飛ぶ鳥を落とす勢力のある軍部に逆らう事は何人も出来ず、官民共に軍部にへつらい、ご機嫌を損ねないように顔色を窺《うかが》う、そんな暗い時代であったのである。

まちまちな空襲被害

「空襲火災発見」「敵機発見」「爆弾投下黒煙認める」

荒川区の尾久消防署の望楼からの第一報を皮切りに、各消防署の望楼から次々に緊急報告がなされた。

爆弾と焼夷弾が投下された尾久署では、ポンプ車三隊が出動、住宅など四四棟が全半焼し死者一〇名、重傷者三四名を出す惨事であった。

焼夷弾のみ投下された小石川区関口水道町に、ポンプ車二隊が出動するも警防団により制圧、被害はなかった。牛込区早稲田では焼夷弾約三〇〇個を投下、住宅等三六棟が全半焼。ポンプ車一三隊で消火した。

死者は爆弾と焼夷弾の直撃を受けて死亡し、他は機銃掃射によるもので、敵機は攻撃目標を事前に決めずに、各機が勝手な奇襲行動をとり、無差別攻撃をしたと予想される。だが、まさかの奇襲を受けた日本軍部は空襲被害をひたすら隠蔽《いんぺい》することに努め、都民には公表することはなかった。

空襲被害をまとめた各種公文書は全て「極秘」と捺印され厳重な監視下におかれたのである。

初空襲と言う、まさかの事態に慌て、いろいろな制約の中で作成された調査資料には、速報と概要によっても数字の違いが見られる。どの数字が事実なのかは不明である。ここでは警視庁消防部の作成した資料のみを掲げた。

【警視庁消防部空襲被害状況】

警戒警報発令……午前八時三〇分
空襲警報発令……午後〇時二五分
空　　襲　……同　〇時一〇分
空襲警報解除……同　四時〇五分
警戒警報解除……同　四時二五分
来襲機数　……B29　六機
攻撃方法　……六〇〇㍍内外ノ低空ヲ以テ分散単機攻撃
投 下 弾　……爆弾二五〇㌔級六個　焼夷弾小型四五二個
気　　象　……天気晴　風位南　湿度六三%
焼失地域　……荒川区尾久町九ノ二七九五付近　王子区稲付一ノ二九三　小石川区関口水道町ノ一部　牛込区早稲田鶴巻町　馬場下町

焼失面積　……六一棟　一二二七世帯　三五二〇坪
火災発生及延焼状況……南方ヨリ六機編隊ニテ帝都ニ来襲　夫夫目的地点ニ分散単機ト
　ナリ超低空ニヨリ攻撃　荒川区ニ於イテハ爆弾焼夷弾混投シ其ノ他ノ
　地域ニ対シテハ焼夷弾ノミ投下ス　都民ハ初空
　襲ニ虚ヲ衝カレ防御ニ狼狽シ留守宅等ヨリ一挙
　火災発生ス　小石川区ニ於テハ約三〇個程度ノ
　小攻撃ナリシコトト民防空ノ初期消火ニヨリ火
　災発生ニイタラズ

初空襲で被害を受けた尾久付近

二週間前（三月五日）の空襲警報発令は、結果的には誤報であったが、警報発令と同時に宮内省から警視庁消防部の消防隊の応援要請がなされた。しかし、今回の、実際にあった東京初空襲時には宮内省からの応援要請の記録は残っていない。

日本の聖域である皇居のある帝都が、いとも簡単に敵機に侵入されたことに、日本軍はもとより宮内省も大きなショックを受け、至急に宮城を空襲から死守する対策を講じることになった。

東京初空襲は、真実を知らせるはずのマスコミ報道にも厳しい規制を強いて、言論の自由を奪った。国民の東京防空に対する問題点の指摘や批判を封じ込めて、「敵機は、東京上空には一機たりとも侵入させない」と豪語しながら、一方では「空襲なんて怖くない」と宣伝するなど、矛盾した言動で国民を欺き続けた。だが、軍部は東京初空襲以前からも、関東地区での防空演習を批判した新聞の不買運動など、軍国主義に反抗するマスコミに弾圧を加えていたのである。

——新聞不買事件——

昭和八年八月。関東地区で行われた大規模な防空演習で、取材した信濃毎日新聞の桐生悠々記者が「評論」で「関東大防空演習を嗤ふ」と題して「敵機を関東の空に、帝都の空に迎え撃つということは、我軍の敗北そのものである。この危険以前に於いて、我機は、途中これを迎え撃って、これを射落とすか、又はこれを撃退しなければならない」「敵機の爆弾投下こそは木造家屋の多い東京市として、一挙に、焦土たらしめるだろう………そこに阿鼻叫喚《あびきょうかん》の一大修羅場を演じ、関東大震災当時と同様の惨状を呈するだろう………」と記事にした。

この記事は一二年後の「東京大空襲」の惨事を予言した警告の文章であると言われた。だが、この記事を読んだ軍部は激怒し、在郷軍人会に信濃毎日新聞の不買運動をさせ、桐生悠々記者は退職に追いやられ、不遇な一生を送らざるを得ない結果となった。

東京初空襲がもたらしたもの、それは、報道規制以外にもあった。

その一つに、警視庁消防部に、悲劇の「特別消防隊」の発足のきっかけをつくったのである。今までの消防署所に固定した消防ポンプ配置を、署所以外の軍需工場や公園広場などにポンプ車を分散して、重要防護施設を重点的に空襲火災から守る体制をとることにしたのである。それが「特別消防隊」の発足の目的であった。

また、簡単に東京上空に敵機の侵入を許した失態に、日本軍は名誉挽回を焦り、米軍機動部隊とミッドウェー海戦を試みたが、結果は日本軍の大敗となり、日米戦争の主導権は米軍が握るきっかけにもなったのである。

東京初空襲は、日米にとっても重要な意味を持っていたことになる。

第三章　初空襲は連敗の幕開けだった

言論統制が始まった

「貴様ら、何をしてんだ！」

不意を突かれた敵機発見の一報で、部下の慌てふためく様子を見た上級将校は、部下を怒鳴り散らした。

ハワイ奇襲攻撃で米国に打撃を与え、その後も日本軍の快進撃は止まらず連戦連勝を重ね、「勝った勝った」と日本軍部内も浮かれ始めた事に危惧した軍部幹部は、軍紀を引き締める必要性から、各配下に「気を緩めんな」と緊張感を持つよう、口酸っぱく指示命令を出していた。だが、現実は上すべりな空論でしかなかった。

いつ反撃を受けるかわからないという危機感と、常に対峙している外地の最前線基地の兵士や、監視艇の海上監視員等とは異なり。内地で防空を担当する軍司令部等に勤務する下級の者にとっては、「空襲なんてありっこない」と空襲の緊張よりも、上官による日常の厳しい監視の目の方がはるかに緊張感を抱いていた。

士気の弛緩や緊張感の衰退は、戦闘組織である軍隊の階級社会の崩壊につながる。上官の命令はすべて軍紀なり。

そんな頑なな思想で、時には意味もなく「すったるんでる」と言っては上官が鉄拳をふるい、権威を誇示することで軍紀を維持させようともしていた。

それは「下級の者は上官の命を承ること実に朕（ちん）が命を承る義なりと心得よ」の軍人勅諭が原点にあった。

下級の者は上官に盲従することこそが、軍隊の組織内を上手に渡り生きる処世術と心得、上官の顔色を窺い、自己主張を慎む、上意下達の姿勢になりきっていた。

「撃墜機数は九機にして、わが方の損害は軽微なり」

爆弾を投下して、さっさと東京の空から米軍機が姿を消した午後一時五七分。東部軍司令部からラジオを通して意気揚々と「戦果」が発表された。

「午後零時三〇分頃敵機数方面より京浜地方に来襲せるも我が空、地両防空部隊の反撃を受け逐次退散中なり、現在までに判明せる撃墜機数九機にして我が方の損害は軽微なる模様なり、皇室は御安泰にわたらせられる」

しかしその発表はウソだった。

「撃墜したのは九機でなく、クウキ（空気）だろ」

透き通った日本晴れの空なのに、煙をだして落下する敵機を見たと言う人は誰もおらず、国民の間から軍部への冷ややかな声が上がっていた。

貴重な「敵機発見」の情報を報告したにもかかわらず、「そんなバカな」と下級者の報告を信用しなかった。行き過ぎた上意下達の反省から、軍司令部は高射砲隊からの「撃墜」の報告をそのまま鵜呑みにして、確認もせずに「九機」として発表してしまった。不信から始まったミスが、今度は情報の分析と確認と言った情報処理管理のずさんさが問われるミスを重ねることになったのである。

度重なるミスに軍部は「まずい」と気付き、軍部は渋々と「九機撃墜」を取り消した。又、敵機発見のミスについてはミスとは認めず「敵機発見およびその報告極めて迅速にして適宜空襲警報を発令し得た」と、警報の遅れはなしとし、「速やか」に処理されたと言う、余りにも実態とかけ離れた発表は、軍部の失態を覆い隠す意図が明らかであった。

四月一八日の東京初空襲以後は、各軍管区司令部からの戦果の発表は取り止めとし、発表は大本営で統括することになった。

ここから軍による情報統制と言論統制が始まり、軍のご都合主義の情報操作が行われるのである。多くの国民は疑いを持たず軍部の発表を信じ、神国日本の不敗を信じ服従と忍耐に殉じた。

開局時から、無線通信法などで国の指導監督下におかれた。ＮＨＫは事実上の国営放送化され、新聞などの出版界も、用紙やインキなどの資材供給制限に縛られ、必然的に自由な言論が制約された。その結果、メディアは「大本営発表」や「情報局発表」を知らせる、国の御用聞き役を果たさざるを得なくなり、結果的には国民を戦争へと駆り立てるようになってしまった。

主な言論統制の被害

初空襲の翌日、内務省警保局から「極秘」の電話通牒が各府県警察部長宛に出された。

――空襲ニ伴ウ言論ノ指導取締ニ関スル件――

本月一八日ノ帝都其他ニ対スル敵機空襲ニ当リテハ防空関係方面ハ勿論一般国民ノ沈着適切ナル処置ニ依り被害ヲ最小限度ニ止ムルコトヲ得民心ハ極メテ平静ニシテ治安上何等ノ動揺ナキ状況ナリ然レドモ目下選挙中ナル関係モアリテ空襲ニ関シ兎角批判等ヲナスモ

ノアルベシト予想セラレ以テ之等言論に付イテハ先ニ縷々指示セラルタル方針ニ依ルノ外左記諸点ニ注意シ萬意漏ナキヲ期セラレタシ

記

一　今回ノ空襲ニ当タリ防空関係機関ノ取レル処置ハ機敏ニシテ一般国民ハ極メテ沈着各部署ニ就キ被害ヲ最小限度ニ止メ得タルモノナルニ付指導取締上此ノ点ヲ特ニ留意スルコト。

二　当局ノ発表ヲ信頼シ巷間流布セラルル風説等ニ惑ハセレザルト共ニ総テ言論ハ協力的建設的ナル如ク指導スルコト。

三　防空警備等ノ関係者ハ特ニ其ノ言論ヲ慎ミ仮ニモ一般ニ対シ悪影響ヲ及ボス虞アル言辞ナキ様注意スルコト。

四　左記諸点ハ厳重ニ注意スルコト

1　防空当局ノ処置ヲ非難シ又ハ防空施設ニ兎角ノ批判ヲ加フル等国論ノ不統一ヲ召来シ或ハ之ニ対スル国民ノ信頼ヲ希薄ナラシム虞アルモノ。

2　被害ノ状況を拡大ニ吹聴スルモノ。

3　敵機ノ基地等ニ就キ憶測ヲ加ヘ対ソ関係ヲ刺激スルガ如キモノ。

同年五月七日、空襲写真撮影の禁止や被害現場への立ち入り禁止、空襲での死亡者の葬儀にも制限を加える等、空襲被害を国民の目から隠蔽する「極秘」文書が各庁府県長に出された。

【警保局外発第五〇号】（昭和一七年五月七日）

各庁府県長殿　　内務省警保局長

空襲時ニ於ケル防諜処置ニ関スル件

空襲ニ伴ウ防諜上各種取締ニ就イテハ各段御留意中ノコトト信ズルモ関係各省トモ討議ノ結果概ネ左記標準ニ依リ空襲時ニ於ケル防諜措置ヲ講ズルコトト相成候ニ付キ遺憾ナキヲ期セラレ

記

一　一般取締標準

1　空襲時ニ於ケル外出

①外国人ニ対シテハ空襲警報発令中外出ヲ阻止スルコト、既ニ外出中ノ者ワ速ニ自宅ニ帰ラシメ又ハ状況ニ依リ外出先ニ止マラシム等適宜ノ惜置ヲ講ズルコト。

②監視、警報伝達、消防、救護、避難其他防空上ノ必要ニ基キテ戸外ニ出ヅルモ

ノハ右ノ限ニアラザルコト。

2　空襲及其ノ被害状況ノ撮影

①　外国人ノ撮影ハ之ヲ阻止スルコト。

②　邦人撮影ノ場合モ其ノ用途明ニシテ防諜上支障ナク且ツ特ニ必要アリト認ムルモノノ外阻止スルコト。

③　家屋其ノ他建造物ノ被害復旧状況ノ撮影ニ就キ右各号ニ同ジ。

3　空襲被害場所ノ立入

①　所要ノ期間外国人ノ立入ヲ阻止スルコト。

②　前号ノ期間中防空関係者及ビ被害其ノ他ノ関係者以外ノ立入ハヤムヲ得ザルモノノ外立入ヲシメザルコト。

4　空襲被害に因ル死亡者ノ葬儀

①　死亡通知、回章、葬儀通知、弔意文其ノ他関係文書に就テハ空襲被害ノ状況又ハ程度ハ之ニ推知セシムルガ如キ内容ト雖モ記載セシメザルコト。

②　会社又ハ工場関係者ノ葬儀ヲ会社又ハ工場ニ於テ主催執行スル場合ハ参列者ヲ当該会社、工場ノ内部ノ者及死者ノ親族ニ限定スルコト。

③　同一会社工場内ニ於テ死者多数アル場合ニ合同葬儀ヲ行フハ差支ヘナキモ、数

個ノ会社又ハ工場合併シテ連合葬ヲ執行スルハ差控ヘシムルコト。
④　警防団又ハ学校等主催シテ葬儀ヲ執行スル場合モ右の②③ニ準ジ警防分団又ハ一校等ヲ単位トセシムルコト。
⑤　一般市町村民死亡シ公葬ヲ行ウ場合ハ市町村葬等ハ之ヲ避ケ町内会葬又ハ部落葬の程度トセシムルコト。
⑥　葬儀執行ニ就テハ当局ノ発表以外ハ新聞紙又ハ出版物ニ掲載セシメザル様指導スルコト。

（注：以下省略――著者）

ミス続きの軍部は、夕方の大本営発表では戦果については一切ふれることはなかった。しかし、さすがの軍部も様々な方面からの不信の声が高まり、失態を隠蔽することが出来ず、二日後の四月二〇日になって異例の大本営発表を行ったのである。

発表文の内容は次のように、いたって大まかで、国民には、失態を失態と認めない姿勢で押し通す、軍部組織の姑息な体制をみせていた。

しかし、大本営陸軍の「業務日誌」では「民防空ニ成功シ、軍防空ニ失敗カ」と、日本初空襲の勝敗は日本軍の敗けを認めていた記述が残されている。

〈大本営の発表内容〉

一、四月一八日未明、航空母艦三隻を基幹とする敵部隊が、本州東方海上遠距離に出現せるも、わが反撃を恐れ、敢えて帝国本土に接近することなく退去せり。

二、同日、帝都その他に来襲せるは、米国ノースアメリカンB25型爆撃機十数機内外にして、各地に一ないし三機宛分散飛来し、その残存機は支那大陸方面に遁走せるものが如し。

三、各地の損害はいずれも極めて軽微なり。

「敵機は一機たりとも侵入させない」と豪語した手前、被害は軽微と言い訳がましい詭《き》弁でしかなかった。

「被害は軽微」と発表された東京初空襲の全国の被害状況では、戦後の防衛庁の資料によると、東京、名古屋、大阪、神戸など数一〇カ所の地域が被害を受け、死者五〇名、負傷者四百数一〇名、全壊全焼家屋百数一〇戸となっている。

東京府の状況については「警視庁消防部」「警視庁警備係」がまとめている。

【警視庁消防部空襲災害状況】

一、警戒警報発令…午前八時三〇分
　空襲警報発令…午後〇時二五分
　空　襲　　…同　〇時一〇分
　　同　解除　…同　四時五分
　警戒警報解除…同　四時二五分
二、来襲機数…B25　六機
三、攻撃方法…六〇〇㍍内外の低空ヲ以テ分散単機攻撃
四、投下弾…爆弾二五〇㌔級六個　焼夷弾小型エレクトロン四五二個
五、気象…天候晴、風位南、風力軟、湿度六三%
六、焼失地域…荒川区尾久町九ノ二七九五付近、王子区稲付町一ノ二九三、小石川区関口水道町ノ一部（火災ニ至ラズ）、牛込区早稲田鶴巻町馬場下町
七、焼失程度…六一棟　一二二七世帯　三五二〇坪
八、火勢発生及延焼状況……南方ヨリ六機編隊ニテ帝都ニ襲来　夫々目的地点ニ分散単機トナリ超低空ニヨリ攻撃　荒川区ニ於テワ爆弾焼夷弾混投シ其ノ他ノ地域

ニ対シテハ焼夷弾ノミ投下ス　都民ハ初空襲ニ虚ヲ衝カレ防御ニ狼狽シ留守宅等ヨリ一挙火災発生ス　小石川区ニ於テワ約三〇個程度ノ小攻撃ナリシコトト民防空ノ適切ナル初期消火ニヨリ火災発生ニ至ラズ。

〈警視庁警備係空襲被害調査〉五月一日調べ

——死傷者・家屋全焼のみ掲載（他は省略—著者）——

荒川区尾久地区……死亡一〇人、傷者四八人、全焼四二戸

牛込区早稲田地区……死亡一人、傷者三八人、全焼二四戸

新宿区西大久保地区……傷者一七人、全焼二〇戸

王子区稲付地区……傷者一人、全焼五戸

金町区金町・水元地区……死亡一人、傷者一一人

大井区関ケ原その他……死者二人、傷者三四人、全焼四戸

品川区品川地区……死者二四人傷者一七五人　全焼一六戸

その他……渋谷・代々木両地区　傷者二人　野方地区　傷者一人

砂町地区傷者二人　荏原地区傷者二人。

合　計……死者三九人、重傷七三人、軽傷二三四人　全焼九二戸

半焼二六戸、破壊役一六〇

予期せぬ敵機一三機の不意打ちの空爆にしては、全国的に見て、火災被害は比較的少なかったのは、当時は昼間で、しかも風も穏やかな日であったことが火災拡大の抑止力となり、加えて民防空組織の積極的な活動があった。大本営の業務日誌に「民防空ニ成功」と記されている。

一方、死者が多かったのは、軍部のミスで警戒警報が遅れた事が大きな要因と言わざるを得ない。

利用された少年の死

軍司令部の発表の不手際によって、初空襲の翌日から、言論統制とも言える空襲に関する言論の指導取締まりを行い、軍の不都合なものはひた隠しにしていたが、空襲被害者第一号とされる一四歳の少年の死については積極的な情報公開を行った。

映画フーテンの寅さんで有名な東京は葛飾。その葛飾区水元の法林寺に「石出巳之助の墓」と彫られた墓標がある。

右側面に「悲運銃撃善士　昭和一七年四月一八日」

左側に「昭和一七年四月一八日米国敵機ノ機銃弾ヲ受ケテ死亡ス性温和至純至孝身体強健ニシテ将来ヲ嘱望セラレシニ此ノ災禍ニ遭ヒテ殉職ス享年一四才」と刻んである。

報道規制を強いた矢先、やすやすと東京上空へ侵入され、敵機になすすべもなく蹂躙された軍部が、その失態の批判をかわす絶好のチャンスとみて、石出少年の死をこれぞとばかりに報道機関へ発表した。

——鬼畜の敵　校舎を掃射／避難中の学童一名は死亡——

（朝日新聞　昭和一七年四月一九日）

一八日帝都に来襲した敵機一機が午後一時四〇分ごろ〇〇国民学校上空に現れ、帰宅中のいたいけな学童に向ひ機銃掃射を加えつひに一名を死亡せしめた事実は、人道上無視すべからざる行為として人々を心から憤慨させている。この時刻同校高等科一年児童四四名は教室の掃除を終え、まさに校門を出て帰宅の途上にあったが、猛スピードで敵機が同校上空に向かって迫るみるや職員一同は手分けして児童を誘導させた。

この時、石出巳之助（一四）も校門付近から急いでとって返しまさに自分の教室に入らんとした刹那、五〇㍍の低空に舞い降りた敵機は矢庭に一〇数発の機銃掃射を校庭に向かって加え、うち一弾は廊下のガラス窓を打ち抜いて同君の右腰に命中、同二時訓導たちに抱かれつつ息を引き取ったものである。

右につき同校長は語る。犠牲になった石出君の遺族に対しては心からお気の毒に思ひます。それにしても無心の児童に攻撃を加える敵の悪辣な行為に対しては憤激やる方なく、このうえはただ米英撃滅に一路邁進を誓わざるを得ません。

自ら報道規制を強いたが故に、被災地や被災施設の具体名は、さすがに公表を避けたが、石出少年の死についての報道発表は、その後も積極的に行われ続けた。その結果、数多くの石出少年の報道がなされ、少年少女の米英に対する敵愾心《がいしん》をあおり、少年兵志願者が増えるなど、軍部の思い通りに国民総動員に地固めが進んでいったのである。

東京初空襲がもたらした敗戦への道

「日本軍は強し、向かうところ敵なし」

真珠湾の奇襲攻撃が成功したことで、連合艦隊の山本司令長官は一躍国民的英雄になった。山本長官がいるかぎり日本は安泰と、国民の多くは信じて疑わなかった。

なのに、東京初空襲。国民は信じられなかった。

山本長官がいるのに、敵機が知らないうちに東京上空にやってきた。そして知らぬ間に爆弾が落ちて来た。

言論統制で、軍部の大本営の発表を信ずる以外、何を信じて良いか、国民は戸惑った。そして、国民の知らないところで、戦局は大きく変わってきていた。

開戦以来、破竹の勢いの日本軍に押され、連敗続きでくさっていた米国民は、東京初空襲のニュースを聞き歓喜し、米国民の戦意が大いに高揚した。さらに、日本軍が前線で必要とした戦闘機を、日本本土にクギ付けにして、日本軍の侵攻を遅らせる効果も米国側にあった。

大本営の「損害は軽微」と発表した東京初空襲は、日米両国にとって重要な意味をもっていた。

日本の帝都にやすやすと敵に侵入されたことに山本長官は「天皇に申し訳ない」と責任を感じ、奇襲で勝利したと思ったら、今度は逆に奇襲で反撃されたことで、今まで英雄視されていた長官に、今度は国民から抗議の手紙が来るなど、山本長官はかってない屈辱感を味わった。

そして山本長官は、米軍への逆襲を決意する。

真珠湾攻撃の時、山本長官は「日米交渉が妥結したら、作戦を中止して直ちに引き返す」との強い信念をもって、出撃命令に従い、軍団を率いて、遠くハワイへと向かったのである。その隠密行動での出撃途上、指揮官として、真珠湾攻撃が宣戦布告の外交手続きが完了する前に行われてしまうことを、山本長官はしきりに気にかけていた。武官として海外の事情に精通していた経験から、もし真珠湾攻撃が騙《だま》し討ちとみられたら日本人全体の品格が汚されるのを恐れた。そして、アメリカ人の気質からして、騙し討ちという卑怯な行動に対する憎しみの反撃を恐れていた。

東京初空襲。それは山本長官が最も恐れていた結果となったのである。

「又、米軍は空爆にやってくるのでは……」

「まだ、どこかに、米国の機動部隊が潜んでいるのでは……」

初空襲後、日本の首脳陣や軍幹部たちは疑心暗鬼となっていた。そして、国民の間に軍部への不信が深まることを危惧した。

ミス続きで信用失墜した軍部は、早急に威信を回復する必要があった。それには、再び東京が空襲を受ける恐れのある根源を取り除くことであった。
もはや、後ずさりはできない。

米国の機動艦隊を一挙に壊滅させ、米国の戦意を奪い、有利な和平交渉に持ち込むことが、開戦時に日本国が決めた外交戦略であった。

山本長官は、その開戦時の外交戦略を、再び自からの汚名を晴らす意味も込めて、国運を賭けて、米海軍の拠点だったハワイ諸島の西、ミッドウェー基地攻撃と米機動部隊を一挙壊滅する作戦を提案した。

その作戦とは、米国の基地のミッドウェー島を占領すれば、米軍は全力で奪回に来る、奪回には米軍の機動部隊がやってくる、そこを待ち伏せして一挙に叩き潰すと言う、誘い出し作戦であった。

隠したミッドウェー海戦の敗退

日本軍は空母四艦を基盤とする機動部隊が、勇躍一路、ミッドウェーの決戦場へと向かった。だが、米軍の待ち伏せに遭い、空母四隻が撃沈され、重巡洋艦一隻も轟沈、海軍の主力空母六隻の内四隻を失うと言う大敗をし、しかもその上、空母の搭載機三二二機と共に、真珠湾攻撃以来の百戦練磨の有能なパイロットの大半を失う結果となった。戦闘機のパイロットを一人前に育てるには、訓練・教育などで多くの時間と燃料費が費やされ、膨大なコストを必要とした。

攻撃を終え無事帰還しても、着艦するはずの我が空母の雄姿は見当たらず、燃料が切れるまで上空を旋回し、力尽き、無念にも次々と海原へ着水する日本の戦闘機。誰一人、助けてくれぬパイロット達は遠い皇国を思い、力尽き海の藻屑《もくず》と消えて逝った。

米国では潜水艦を配備して捜索や救難任務を行うシステムが出来ていて、必ず仲間を救う人命尊重の鉄則があるが、日本では「生きて虜囚の辱めを受けず」の日本軍の戦陣訓が、軍による組織的な救難救助を無視させ、むざむざと貴重な戦力となる人材を見殺しにしてしまったのである。

日本は赤紙（召集令状）一枚で集められた一兵卒が多くいた。その兵卒の上に下士官、士官、将校と、厳しい上下関係の階級制度で成り立っているのが軍隊である。軍隊では階級が絶対であり「部下を死なせて一人前」と教え込む上級者もいて、召集されてくる兵隊の命を軽んじる、そんな非人間的な組織をつくり上げていたのである。

日本軍の損害に比して、米軍は空母一艇と駆逐艦一艇を失ったに過ぎなかった。日本の完敗であった。

六月七日になっても、大本営へのミッドウェー戦況報告が現地からなかった。一方、米国の短波放送では米国の大勝利を告げていた。

「どうなっているんだ……」

吉報を信じ、ジリジリする大本営部員。次第に、大本営内部は不気味な予感を覚え、室内は静まりかえる、重苦しい異様な雰囲気が漂い始めてきていた。

六月一〇日、沈黙を保っていた大本営海軍部がミッドウェー海戦の戦況を発表した。

＜大本営発表＞昭和一七年六月一〇日午後三時三〇分
――東太平洋全海域に作戦中の帝国海軍部隊は、六月四日アリューシャン列島の敵拠点

出征を祝う両親・家族と町内の人々

ダッチハーバー並に同列島一帯を急襲し四日、五日、両日に亘り反復之を攻撃せり、一方同五日、敵根拠内ミッドウェーに対し猛烈なる強襲を敢行すると共に、同方面に増築中の米国艦隊を捕捉猛攻を加え敵海上及航空兵力並に重要軍事施設に甚大なる損害を与えたり……現在までに判明せる戦果は左の如し――

ミッドウェー方面

米航空母艦エンタープライズ型一隻及ホーネット型一隻撃沈。彼我上空に於て撃墜せる飛行機約一二〇機。重要軍事施設爆破。

本作戦に於ける我が方損害

航空母艦一隻喪失、同一隻大破、巡洋艦一隻大破、未帰還飛行機三五機。

大本営の発表は、外電で知る戦果とは異なっていた。負け戦を国民の目から覆い隠そうとするウソであった。うまく国民を騙したつもりだったが、国民の中には大本営の発表に疑問を抱く有識者も少なくなかった。

一方、天皇にはどう通じたのか。

〈ミッドウェー完敗の奉上〉（昭和天皇実録・六月一〇日）

海軍は天皇にミッドウェー海戦の結果を報告した。

――午後四時、御学問所において軍令部総長永野修身に謁を賜り、戦局に付き奉上を受けられる。なお、この日午前一〇時三〇分からの大本営政府連絡懇談会において、海軍側よりミッドウェー海戦の戦果に関し、航空母艦一隻を轟沈、その他航空母艦一隻・巡洋艦数隻を大破したこと、わが方の損害は航空母艦一隻喪失、航空母艦・巡洋艦各一大破であることを報告する。――

これも偽りの報告となっている。だが、天皇の声は「実録」には見当たらない。

東京初空襲からわずか約二か月。国運をかけた五月四日のミッドウェー海戦は、日本軍の大敗北に終わる。続いて、ガダルカナル島でも撤退をせざるを得ない敗北となり、日本軍は開戦一年で勝機を完全に失った。それ以降、主導権は米軍の手に移り、日本は敗戦への道へと転げ落ちて行く。

第四章　迫りくる危機

もう、日本は負けた

天下分け目の日米決戦、それはミッドウェー海戦と言える。

主力艦艇を失い、航空機と共に有能なパイロットを見捨てた日本軍は一挙に敗退へと崩れ落ちて行った。

「天は我らを見捨てたのか」

傾きかけた艦上で、沈みゆく仲間を見送らざるを得なかった戦友は、万感の思いで、天を仰いだに違いない。

ほとんどの日本国民は、日本軍の勝利を信じ、この大敗の事実を知らされてはいなかった。

国民の知らぬ内に、戦局は大きな局面に差し掛かってきていた。

ミッドウェー海戦の完敗後、戦争の主導権は完全に米軍が握り、日本国民が知らないうちにズルズルと日本軍は敗退して行く。

日本軍は当初、破竹の勢いで戦線を広げ、北はアリューシャン列島、南はオーストラリア南部、東は中南部太平洋諸島、西はビルマ国境付近までと手を広げていった。兵士は何とか送り込む事ができたが、伸びきった戦線に、食料や武器弾薬と言った物資の補給はままならなかった。

米軍は日本軍の弱点である補給路を断つ作戦に出ていた。結果は餓死《がし》と玉砕で日本軍は敗れた。

日本が上陸して、航空権確保のために飛行場を建設中の、ガダルカナル島へ米軍が上陸。九か月間の争奪戦で日本軍は弾薬が尽き、食料は絶え、飢えと言う敵とも戦わなければならない日本軍は、二万人の兵士が戦死してついに敗れた。死者の半数が飢餓と病死であったとされ、「敗退」を、大本営は「転進」と言う戦況報告の言葉で国民を欺き続けた。そして、天皇には「ガダルカナル島第三次撤収作戦は成功」とウソの報告していた。

しかも、日本軍から奪ったガダルカナル島の航空基地から発進した米軍戦闘機によって、日本国民から英雄と言わしめた、山本司令長官が搭乗していた長官機が襲撃を受け長官は戦死。その戦死の日は、奇しくも山本長官にとって屈辱的な東京初空襲から一年目に当たる昭和一八年四月一八日であった。

この司令長官の戦死も極秘とされ、死後一か月の五月二一日にようやく公表されたのであった。

「山本長官が戦死」

国民の受けた衝撃は大きかった。

「もう、日本は負けた」

多くの国民は、日本の英雄山本長官が、いとも簡単に敵機に撃ち落とされて戦死した事に、悲しみと同時に、もはや制空権が米軍の手に渡った事への失望へとつながっていった。

さらに、アリューシャン列島のアッツ島守備隊が全滅。そしてサイパン島が占領され、日本の「絶対国防圏」が崩壊し、東京大空襲が目前に迫ってきていた。

もはや日本軍は、正当な戦闘では勝ち目のない事態にまで、追いつめられていたのである。


――絶対国防圏――

第二次世界大戦において、昭和一八年九月、ガダルカナル島撤退を始めとして、徐々に戦線を押し込まれて守勢に立たされた大日本帝国が、本土防衛上確保及び戦争継続に必要とした領土・地点を定めた地域の事を絶対国防圏と呼ぶ。しかし、設定はしたが、それを実現及び領土を維持することが出来ず、日本は防衛一方となり、国防圏内のサイパン島も米軍に占領されB29の本土空爆が容易になり、日本の敗北がほぼ決定的になった。

日本の戦法は肉弾戦法に代わっていった。それは神風特別攻撃隊の誕生であった。死をもって皇国を護る「一死報国」、正に皇国のために若き青年が死を選ばなければならない残酷な非人間的戦術であった。

「皇国に殉じることこそ本懐なり」、命令する上官は後方にいて助かり、純真で一途《いちず》な若者は命令に従い敵艦に体当たりで殉死。新聞は「軍神」と祀《まつ》り上げ、国民もまたそれを栄誉と讃えた。今にして思えば、これ正に狂気の沙汰であったと言えるが、この当時では、この狂気を正気にはね返すだけの勇気と決断を、多くの日本人は見失ってしまっていた。

東京初空襲以降は、東京の上空には日の丸のついた日本の飛行機だけが飛び交い、大本営の発表でも、いつも赫々《かっかく》たる戦果が知らされ、国民にとって、戦争は日本本土から遠く離れた所での事と安心感を与えていた。だが、身近な人が兵隊に召集され始め、戦死という悲報を耳にするようになり、国民も次第に長引く戦況にいらだちを感じ始め、大本営の発表に疑問を持つようにもなってきていた。

東京初空襲で荒川区の町屋の自宅が全焼し、埼玉へ移り住んだ坂井昭三の戦地に出征した兄からの便りがピタリと来なくなった。母は朝起きると決まって、一番に郵便箱を確かめ溜め息をつき、「便りのないことは無事の証拠」と言っては強がりを見せてはいたが、肩を落とす老いた母の背がそこにあった。

一方「空襲なんて怖くない」と、空襲をバカにしていた加瀬勇は、城東消防署裏の小屋でヤスリ工として頑張っている。暇を見つけては消防署へ遊びに行って、自分と年かさも違わない若手の消防手らとふざけあっていたが、一人二人と消防手が兵隊として召集されて行き、日の丸旗を振って出征を祝うことが多くなっていた。将来消防官になる二人の目にも戦況の悪化がヒシヒシと感じられてきていた。

米国機動部隊が動いた

近代戦は、大艦巨砲主義から飛行機の時代に代わっていた。

日本も、陸軍が歩兵中心主義から、海軍も戦艦中心から、ようやく航空機中心の戦略に切り替えにかかった。だが、時すでに遅しで、戦略や戦術を代えても、肝心な航空機のエンジンの研究や技術開発が遅れ、さらに致命的なのは、生産や工業力では、米国の足元にも及ばぬ後進国でしかなかった。「欲しがりません勝つまでは」の節約や「増産、増産」の国民総動員で頑張っても、米国との国力の差は余りにも大きかった。

米国は日本より一足早く、空軍力の強化を図っていた。

昭和一五年には、来るべき戦時に備えて、超長距離爆撃機の試作にとりかかった。この超長距離爆撃機こそ、日本本土を焼きつくす「超空の要塞」とも呼ばれたＢ29爆撃機である。

昭和一九年、米国待望のＢ29爆撃機がついに完成した。

Ｂ29爆撃機は、空気が薄くなる高度一万メートル以上でも出力が落ちない。排気ターボン式エンジンが四基ついていて、爆弾を一トン積んで八千キロ以上を楽に飛び、しかも、与圧室が完備され、上空の急激な気圧の変化にも、機内の気圧や気温が一定に保つことができる。普通の旅客機並みの快適な爆撃機であった。それに比べ、日本の誇るゼロ戦機は、高度一万メートル以上の飛行に欠かす事のできない、パイロットの生命維持装置がなく、酸素マスクだけが唯一の装備と言う、生身の人間の限界を超えてのＢ29との空中戦では、もはや無敵を誇っていた日本の戦闘機「ゼロ戦」でも太刀打ちできない、正に、空の要塞Ｂ29は怪物そのものであった。

日本本土は、昭和一七年四月の東京初空襲以来、いまだ無傷であった。

日本本土から遠く離れ、日本軍の勢力が伸びきった戦線では、ことごとく勝利を挙げる米軍だが、超長距離爆撃機Ｂ29が完成したとしても、そうやすやすと日本本土を攻撃できるものではないと、米軍は理解していた。

日本本土を取り巻く太平洋海上には、日本軍の防衛基地である島々が睨《にら》みを効かせる「絶対国防圏」が健在であった。米軍が日本本土攻撃をしかけるには、絶対国防圏内に点在する日本の島々を占領し、そこに出撃拠点の航空基地を構築する事が必要条件であった。

日本軍を追い込む最大の敵、それは、つぎつぎに日本軍の前線基地の島々を無力化させる、開戦時の真珠湾攻撃攻撃からのがれられていた、米軍機動部隊であった。

「日本を降伏させるには、空からの日本本土攻撃しかない」

米軍は、秘めていた軍事作戦をいつ実行するか、その日を待っていた。

サイパン陥落で勝利は消えた

昭和一九年六月一五日、東京空襲を睨んだ二つの作戦が実行された。

その一つ目は、B29超長距離爆撃機が日本本土に姿を現したことである。

日本本土空爆には、日本の頑強な防空要塞である太平洋海上からの空爆よりも、中国大陸から日本海を越えての空爆の方が、飛行距離、時間も短く、有利と判断した米軍は、一五日、中国から新鋭機Ｂ29を発進させ日本初空爆を行った。

空爆目標は北九州市の軍需工場群。夜の八幡は灯火管制で真っ暗、しかも雲ですっぽりと包まれていた。

Ｂ29六三機は高度三千㍍で飛行、しかも一機ずつの侵入と言う、迎撃する日本機にとっては好都合の攻撃スタイルであった。

待ち構えていた日本機は、常時対空は九機、延べ二四機で迎撃、日本機の激しい攻撃で、空の要塞Ｂ29一一機が被害を受け、日本の大勝利と言えた。


その二つ目は、昭和一九年六月一一日、米機動部隊は動いた。

米軍のサイパン島への上陸であった。

日本本土絶対国防圏のサイパン、グアム、テニアンの島々に米機動部隊の猛攻撃が開始されたのである。迎撃に上がったゼロ戦機は数一〇倍の米戦闘機に包囲され次々と撃墜され、米海兵隊約二万人が上陸、日本軍と激しい陸海空での死闘が展開され、日本海軍は空母三隻と搭載機二九〇機、基地機も一四〇機を失った。米軍の攻撃は一四日まで続き、日本機の反撃はなくなった。

ここに、日本機動部隊は実質的に壊滅したのである。

地上戦が続いているサイパン島では、二四日には、米軍は早々と日本本土攻撃のために飛行場の滑走路つくりに着手していた。

ブルドーザーで地ならしをして、素早く滑走路を造る米国の機械化に対して、日本人の、つるはし、もっこ、人力ローラーの、人海戦術で行う土木作業との差を見せつけられ、「これでは日本は勝てない」と偵察写真などで得た情報が教えていた。

空と海を制圧された後、七月七日「絶対国防圏」のサイパンは陥落した。

一一月、サイパン島に、東京空襲のためのＢ29機の最前線となる飛行場が出来上がっていた。全長三〇メートル、翼の長さ四三メートル、重さ五四トン、それに五〇トンの爆弾が積める「超空の要塞」Ｂ29一〇〇機が勢ぞろいし、その威容を誇ることになる。

この時、国民の多くはサイパン陥落の事実は知らされてはいない。

サイパン陥落で、日本の勝利は消えた。

もはや日本は、日本の喉元に匕首を突きつけられた、絶体絶命の状態であった。

昭和一九年七月一八日、サイパン島失陥の責任をとり、東条内閣は総辞職し、小磯内閣が誕生した。新内閣の初閣僚会議で「負けた」でなく「勝利なき戦争終結」への道を、日本国は模索し始めたのである。

死守すべき日本本土の砦サイパン島が米国の手に握られて、今や崖淵に立たされた日本軍は、持てる陸海空の総勢力を結集しての作戦を立てた。

日本軍の国運を賭けた作戦は、フィリピン方面、台湾方面、日本内地、そして北海道方面の、四区分に分け、どこか一区域で、日本が一気に勝利を得て戦況を好転させ、局地的勝利を条件に戦争終結に持ち込むと言う、あがきにも似た作戦であった。

国運を賭けた作戦の決行が決まった。

日本陸軍はフィリピンを決戦場と見て、フィリピンへ航空機の集中を開始した。

「防空戦力も全て投入せよ」と、日本本土の防空を見捨て、防空の任に当たる航空機の移動を開始した。東京防空の迎撃機二三〇機がフィリピンの戦場へ飛び立っていた。

米軍機動部隊も動いた。

米軍は、空母一七隻、搭載機一二〇〇機の、強大な陣容で日本軍と対峙《たいじ》することになる。米軍は、決戦前に台湾の日本軍基地を攻撃し、日本軍の戦闘機と米軍空母艦載機との間で激しい台湾沖航空戦が展開され、この前哨戦で日本軍は完敗に終わった。

勢いに乗って米軍は、日本が支配するレイテ湾のステアン島へ上陸を開始した。この米軍の上陸攻撃の情報を知った大本営は、レイテ島が日米の決戦場と見て取り、手持ちの航空機の大部分をフィリピン方面へ集中させ、日本の命運を賭けたフィリピン沖海戦の火ぶたが切って落とされた。

上空からの戦闘機の援護もなしに、無謀にも進撃した巨大戦艦「武蔵」は、米軍機の絶好の餌食になり、この海戦で空母等二九隻を失い大敗をきした。作戦は失敗に終わり、日本帝国連合艦隊はここに壊滅した。

日本のとる戦法は、「一死報国」の、死必の体当たり戦法となっていった。

無敵を誇っていた「帝国連合艦隊」の巨艦群は姿を消した。

「我が連合艦隊はどこへ行ったのか」

敗戦になった時、多くの国民が抱いた素朴な疑問であった。

厳しい言論統制とウソの大本営発表で、我が連合艦隊は健在であったと信じていた。だが、その事実は余りにも無残な末路であった事を思い知る。

海上をさすらい、持て余す巨体が米軍のレーダーに捕捉され、掩護《えんご》機のない巨艦は敵機の思うがままに攻撃を受け、レイテ湾の深海にその巨体を横たえて眠っている。

大本営は日本の大勝利とウソの発表をした。

久しぶりの戦果に、天皇陛下より御嘉賞のお言葉さえ拝した。大本営は国民のみならず天皇にまで騙《だま》したのである。

日本軍部は、書類上の功名を競い、事実を進言する真の勇者を見捨てた。

権威主義を振りかざした思い上がりと、視野の狭い驕《おご》りで、冷静な判断をする者を「敗北主義者」と罵り、失敗や失態など味方の不利な報告や、上官への耳の痛い意見や進言をする者を「無礼者」と一喝して退ける。そんな長年の蓄積された不合理なツケが国家の存亡に係わった時に一挙に噴出したと言える。

軍も大本営も、自らの虚偽の誇大発表に、自らが縛られる結果となり、自ずと判断を誤らせていったのであった。

東京を叩けば勝てる

本格的な東京空襲がひたひたと近づいてきた。

だが、国民の多くは「欲しがりません勝つまでは」と我慢に堪《た》え、必ず神風が吹いて「日本が勝つ」と信じていた。

開戦時には六九〇万人の人口を抱えていた東京も、七三五万人にふくれ上がった。戦時下の治安維持と空襲から住民を護る戦時体制の強化を図るため、昭和一八年七月から東京府から「東京都」として生まれ変わった。

第一次世界戦争の経過からみて、近代戦争の戦法が様変わりしていた。つまり、従来の戦場の最前線で兵士同士による勝敗だけでなく、相手国の政治経済の中心都市を直撃破壊し、兵器や兵士を供給する戦力源に打撃を与え、戦況を有利にする戦略に変わってきていた。

東京は日本の首都と言うだけでなく、飛行機などの軍需産業の一大拠点にもなっていた。

「東京を叩けば勝てる」

米軍は開戦時から東京を攻撃目標と決めていた。

米軍は虎視眈々《こしたんたん》と首都東京に狙いを定め、着々とその準備を進めていることは、日本軍も察知し、警戒を強めていた。だが、米国の豊富な物量と近代科学技術を取り入れた軍事力に押され、日本は守勢に追い込まれざるを得なくなっていた。進撃が得意の日本軍が守勢一方に回っては、もはや勝ち目はなかった。

「絶対国防圏」のサイパンが陥落。

それを知って、天皇自身も、日本の敗北を感じ取っていたことが実録で伺うことができる。そして、天皇は意中の終戦構想を初めて示した。

昭和一九年九月二六日の「昭和天皇実録」では

「内大臣木戸孝一をお召しになり、約二〇分にわたり謁を賜《たま》う。天皇は、ドイツ屈服等の機会に名誉を維持し、武装解除又は戦争責任問題を除外して和平を実現できざるや、領土は如何《いかが》でもよい旨を述べられる。（中略）夕刻、内大臣は外務大臣重光葵に対し、天皇の和平に対するお考えを極秘事項として内話する」

同盟国ドイツは、もはや勝ち目はなく、敗北目前であった。この機会をとらえ、あわよくば連合軍と和平を結ぼうという構想であったと推察される。

矢継ぎ早に出された防空対策

「東京はあぶない！」

東京初空襲から一年半以上がたち、平穏ムードに浸っていた国民の間でも「もしかして」と不安を感じる人達が次第に増えてきていた。

「絶対国防圏」のサイパン陥落で、暗雲急を告げる昭和一八年から一九年にかけて、国は、矢継ぎばやに空襲対策を打ち出し、国内は慌ただしさを増してきていた。

昭和一八年九月には、戦況を好転させるためには国策上やむを得ないと、【現情勢下二於ケル国政運営要領】を閣議決定し、一六年に制定された防空法の改正に踏み切った。その主なものは、防空や動員などの強化や、工場や家屋等の疎開、内務省に防空総本部が設置されるなど、迫りくる空襲危機に備える対応策が決定された。

軍部や政府は、開戦当時から国民の不信、不安が、敗北思想につながっていくのを恐れていた。そこで、空襲の危険がある東京から、地方の親戚へ疎開することは「逃亡」と見なし規制を考える一方、人々が東京脱出することで人手不足が生じ、軍事産業の衰退にもつながりかねないと苦慮したが、戦況を好転させるためには国策上やむを得ないとして、学童疎開と建物移転などの方針にふみ切った。

建物移転が始まった。

軍需工場や官公庁など国策上重要な施設を空襲被害から守るために、周囲の密集木造住宅を強制的に取り壊し、空地の「防火帯」と消防車が通れる「消防道路」を作ることにした。

「空襲もないのに、家がなくなる」

有無を言わせずに、強制立ち退きされる住民達の怒りの声や、「泥縄式」だという冷ややかな批判があり、建物移転は国が思っていたほどスムースには進まず、時既に遅しで、移転計画途中で空襲にあいすべてが灰にある結果ともなった。

学童疎開が始まった。

学童疎開は、昭和一八年一二月一〇日に文部省が、最初に試みたのは、親戚、縁者を頼っての「縁故疎開促進」であった。その後、サイパン陥落で空襲が窮迫してきたことから、急きょ、一八年六月三〇日「帝都学童集団疎開要項」を定め、国民学校児童三年以上を対象に学童疎開が本格的に実施されたのである。さらに一九年一一月に入って、政府は、空襲時に足手まといとなる妊婦、高齢者、長期療養者に加え、学童疎開から除かれていた低学年の一、二年生と、乳幼児などが疎開の対象となった。

政府が行った防空施策のうち、この学童疎開で多くの幼い生命が戦火をのがれられた事は今でも大いに評価されている。だが、学童疎開での飢えやいじめ等、子供心に辛い悲しい思いも残っていた。

疎開から帰った二日目に、一家全滅と言う悲劇もあった。

当時の事を、当時一二歳の女の子が、次のように語った。

「当時、国民学校六年生であった私は、受験のため縁故疎開先から東京に帰った。三月九日、集団疎開から帰ってきた級友たちと学校で再開した。八か月ぶりで会った私たちは話したいことは山ほどあるのに、ただ顔を見合わせて笑い、手をつないで遊ぶだけでした。

何日かしたら私たちは卒業し、中学や職場にそれぞれ散り散りになってしまのだ。前日、私は家で一生懸命に何冊かの思いで帳を作った。………

校門で別れ際に私は何人かの仲良しにそれを渡した。

『何か書いてきてね。卒業して別れても、いつまでも持っているから』

『いいわ、私もあした想い出帳をつくってくるから私にもかいてね』その時そう言ったyさんから、もう決して想い出帳は返ってこなかった。Yさんの家はその夜一家全員かけ死んでしまったことを後で聞いた。

二日間のYさんたちはどんなにこわかっただろう。いや違う、私は一生懸命に考えた。なぜ私たちは、母や姉がそうだったように疎開なんてしないで机を並べて勉強することができなかったのだろう、戦争がなくならないかぎり私はまだまだたくさんの大切なものを奪われていくことだろう」

女も子供も勤労者

男たちが、次から次へと戦地に送られ、残るは女、子供、老人、病人になってきた。一八年二月。日本の伝統とされる家族制度を維持するためにも「女子徴用はしません」と政府は断言していたが、その口の乾かぬ内に、深刻な人手不足に根を上げた政府は、なりふり構わず、同年六月に「工業就業時間制限令」を廃止し、女子の深夜勤務を認め、体力が要求される重労働の炭鉱作業にも女子が許可された。「炭鉱夫」に「炭鉱婦」が加わり、暗く深い地下に潜りこんで、汗と泥にまみれての「男勝り」の女が登場したのである。

同年九月に「国内必勝勤労」と言う勇ましい対策を制定し、販売店員、鉄道の出改札係、車掌、理容師など一七職種に「男子就業禁止」とし「女子で十分」と決め、二五歳未満の女子を「女子挺身隊《ていしんたい》」と名付けて動員させた。

終戦時の全産業に占める女性労働者は三〇〇万人、女子挺身隊など五〇万人で、日本の銃後の護りを果たしたことになる。

その一方で国は「産めよ、殖やせよ」と結婚と出産を督励した。いわば国策として謂《い》われない重圧をかけ、短い結婚生活で戦争未亡人となったなど、戦争犠牲者として女性の悲劇が多くみられた。戦後になっても、長くその悲惨な生活を送らざるを得なかった現実があった。

また、「銃後の護りは女と子供」とばかりに、一八年三月【決戦非常時処置要綱ニ基ク学徒動員実施要項】が閣議決定され、中学生は戦時労働力として軍事工場での勤労動員にされ、九月には義務教育中の国民学校高等科の十二、十三歳の「少国民」に至るまで勤労動員されるようになっていくのである。

「東京大空襲がある」

昭和一九年の新年早々、戦況の悪化と米軍の超大型爆撃機B29の登場により、「必ず東京大空襲がある」と陸海両軍部は結論つけ、「緊急防空計画設定上の基準」を策定した。だが、その計画の「空襲判断」では、もはや日本本土への大規模な空襲は必至としながらも、軍部の作戦上「一般に対しては伝達をさせない」と注意書きされ、国民にその実態を知らされはしなかった。

東京大空襲が迫ってきているのに、何も知らされない国民は、ただ一握りの権力者達の指示命令を従順に、しかも何の疑いも持たずに従うしかなかったのである。

〈緊急防空計画設定上の基準〉昭和一九年一月（陸軍省・海軍省）
――消防に関すると思われる事項のみ簡記する（著者）――
空襲判断
「………昭和一九年中期以降帝国本土ハ海陸ヨリスル大挙決戦的反復空襲ヲ予期スルヲ要ス特ニ太平洋方面ノ戦局及国際情勢ノ変転並ニ新大型機ノ整備等ニ依ツテハ更ニ早期ニ規模、頻度共ニ熾烈ナル空襲ヲ受クル虞ナシトセス」

ここに軍部は初めて、東京大空襲は必至と具体的に明示したのである。
空襲目標
「………帝都ヲ主目標トシ軍事政治中枢……国民戦意ノ喪失ヲ狙う無差別ヲ行ウ………」と、米軍が東京を空襲目標としている明示した。
投下弾及投下要領
「小型焼夷弾ヲ多数投下シ又威力大ナル新規焼夷弾ヲ併用スルト共ニ防空活動ヲ封殺スル如ク中小爆弾ヲ混用投下シ………」

米軍の爆撃法を的確に把握し、空襲時の防空活動、特に消防活動の困難性を認める記述となっている。

空襲機数及頻度

「………数十機以上ノ大中型機梯団ニ依ル攻撃ヲ反復実施シ得ルノ可能性大ナリ又中小型機二、三百ノ進攻部隊ヲ有スル海上機動部隊ヲ以テスル奇襲ハ常ニ之ヲ予期スヘキハ勿論昭和一九年中期以降強力ナル数海上機動部隊ト陸上基地ヨリ………大挙空襲ヲ反復シ得ル可能性ヲ有スルニ至ルヘシ」

絶対国防圏を突破せれた現状から、もはや日本本土は戦場とかす事を軍部は認めたのである。

重要都市ノ防空的整備強化

「強化整備スベキ都市は「東京」を第一トス………」

東京を最優先とした防空強化策として、都市の疎開、消防防火及び防護を第一とする強化策をしめした。

「消防防火資材ハ大規模反復空襲ニ坑担シ得ル如ク画期的増強整備ヲ敢行ス之カ為少クモ大型自動車、ガソリンポンプハ従来ノ整備基準ノ三倍ニ整備スル如ク………都市以外現有ポンプヲ大量ニ重要都市ニ速ニ集中常置ス」

「画期的増強整備」と言う表現を用いて、東京のポンプ車を三倍に増強する必要性から、短期間でのポンプ車多量生産と地方都市のポンプ車を供出させると言う、なりふり構わぬ一種の強引な策定基準を示した。だが、時は遅しで、資材不足などからポンプ車の製造生産は進まず、地方から寄せ集めた中古車で数合わせたにすぎなかった。

「消防防火用水ハ従来ノ水道依存ヲ是正シ防火槽ニ依ルヲ第一トシ………特ニ重要ナル部ハ概ネ五、六十米半径に簡易ナル大型防火槽ヲ標準トシテ整備スル………」

多発する空襲火災の消火活動には「ポンプと水」が不可欠であることを強く認識しており、防火水槽の設置促進を指示している。だが、資材不足で防火水槽の新設は進まず、掛け声倒れとなってしまった。

「退去ハ原則トシテ一般ニ之ヲ認メズ」

当該計画設定上の基準を推進するための理念として、「防空必勝の信念を堅持高揚させることが防空必勝の要訣」とされている。そのためには「退去」は「逃亡」と見なされ、全体の志気に係わるとして「退去は認めず」と改めて明示したと思える。

防空要員、労務及応急運転ノ整備

「消防要員の整備に関シテハ重要都市特ニ重要方面ニ於ケル消防要員ノ充実集中を第一トシ………」

「消防隊ノ急速大拡充ニ伴フ幹部隊員ヲ速ニ充足スルト共ニ特ニ反復空襲ニ伴フ補充ヲ併セ考慮シ補助消防隊員ヲ以テ充ツル如ク整備ス」

「補助消防隊員ハ警防団員ノ外学校報国隊員ヲ以テ充ツル如く整備ス」、「初期消防力ヲ充実スル如ク各種消防力ヲ集団的ニ運用シ得ル如ク組成ス」

現役の消防官も軍隊に召集され、その補充さえ困難な人手不足の時に窮策として打ち出されたのが「年少消防官」と「学徒報国隊」の誕生であった。

東京が戦場になる日は近い

一月に陸海両軍部が策定した「緊急防空計画設定上の基準」を早急に実施する必要があった。しかし、東京初空襲で、ミス続きの軍部は、屈辱感を抱き、復讐《ふくしゅう》心に燃えたが、被害を受けた人が少なかったこともあり、国民の多くは「何だ！　空襲って、こんなものなのか！」と、さほど深刻には考えてはいなかった。

政府の高官ですら「ロンドンの爆撃からみれば、この空襲など空襲の中に入らないヨ。イギリス人は雨あられと降る爆弾の中で、二年以上も頑張っているんだ」と強がりを見せていた。

一方、ヨーロッパ戦線で、連合軍によるベルリン空爆の凄《すご》さを知って、日本の防空対策は手ぬるく、今のままでは、到底、首都東京を空襲から守り切れる自信はないと、軍部も政府もようやく強気から弱気へと変わってきていたのである。

「ベルリン空襲と同じ事が、東京であったら被害は甚大だ」

防空本部は早速に「防空必携」を改訂し、国民に特攻精神を植え付ける防空対策を示した。

空襲警報が発令されたら防空頭巾をかぶるなど、防空用服装にする。焼夷弾には体当たりで消火。避難壕《ごう》は消火用の「待機壕」と呼び、消火の突撃準備の場所で、焼夷弾が落ちたらすぐ飛び出して初期消火。「待機壕」に入る訓練より飛び出す訓練が重要と言ったものであった。

昭和一九年七月、サイパン、グアム、テニアンがすべて玉砕したことによる責任をとり、東条英機内閣は総辞職。そして最高戦争指導会議は「世界情勢判断」を決定した。

【「世界情勢判断」】八月一九日（本土空襲に関するもの）

「帝国本土ノ生産設備、交通施設及主要都市ノ徹底破壊ヲ以テ我ガ戦意ノ喪失、国力ノ低下、国民生活ノ混乱ヲ企画シ併セテ本土上陸作戦ノ機ヲ作為セントスル敵ノ空襲企画ハ支那及太平洋基地ノ整備ト機動部隊ノ活動トニ依リ概ネ八月以降逐次連続執拗且大規模ニ実施セラレ其ノ空襲被害ノ帝都戦争遂行力ニ及ホス影響ハ軽視ヲ許ササルモノアルヘシ」

「日本本土が戦場になる日」が近いと、最高戦争指導会議は結論つけ、国家総力戦を決定したのである。

悲劇の学徒報国隊

米軍の機動部隊による大規模な空襲攻撃で「東京が戦場となる日」は近いと、日本政府が情勢判断をした。前年の一八年三月にはすでに「今や学問どころではない」と、「決戦非常時措置要領ニ基ク学徒動員実施要領」が閣議決定され、六月二五日には文部省から「学徒戦時動員体制確立要領」が発表されていたのである。

秋深い一〇月二一日、東京、明治神宮外苑競技場で文部省主催による出陣学徒壮行会が行われ、理工系と医学系の学生を除く、法文系の学生達がペンを銃に持ち替えての分列行進が行われた。そして、やがて若き命が、敵艦目がけての特攻攻撃として使われることになっていった。

法文系の学生は兵隊となって激戦地へ向かってから約一年後、政府が予見した如《ごと》く、東京は連日のように、空爆されるようになってきていた。

疎開で空き家になった家や、営業停止の旅館や料亭などに消防隊員を泊まらせ、自宅へ帰さないように足止めをして消防官を確保すると言った、消防の人手不足が深刻化する非常事態になっていた。年若い年少消防官を緊急募集しても足りない、消防隊員の穴埋めに限界がみえ、窮余の策として目をつけられたのが、内地に残った理工系と医系の学生達であった。

戦時下となって軍需工場での貴重な労働力として過酷な使役に堪え、学業もままならない学生達にさらなる苛酷な運命が待っていた。その一つが「学徒報国隊」として、消防署に勤務することであった。

訓練もせず、何一つ防火装備を身に着けずに、学生服のまま、戦場とかした空襲火災にその身を挺

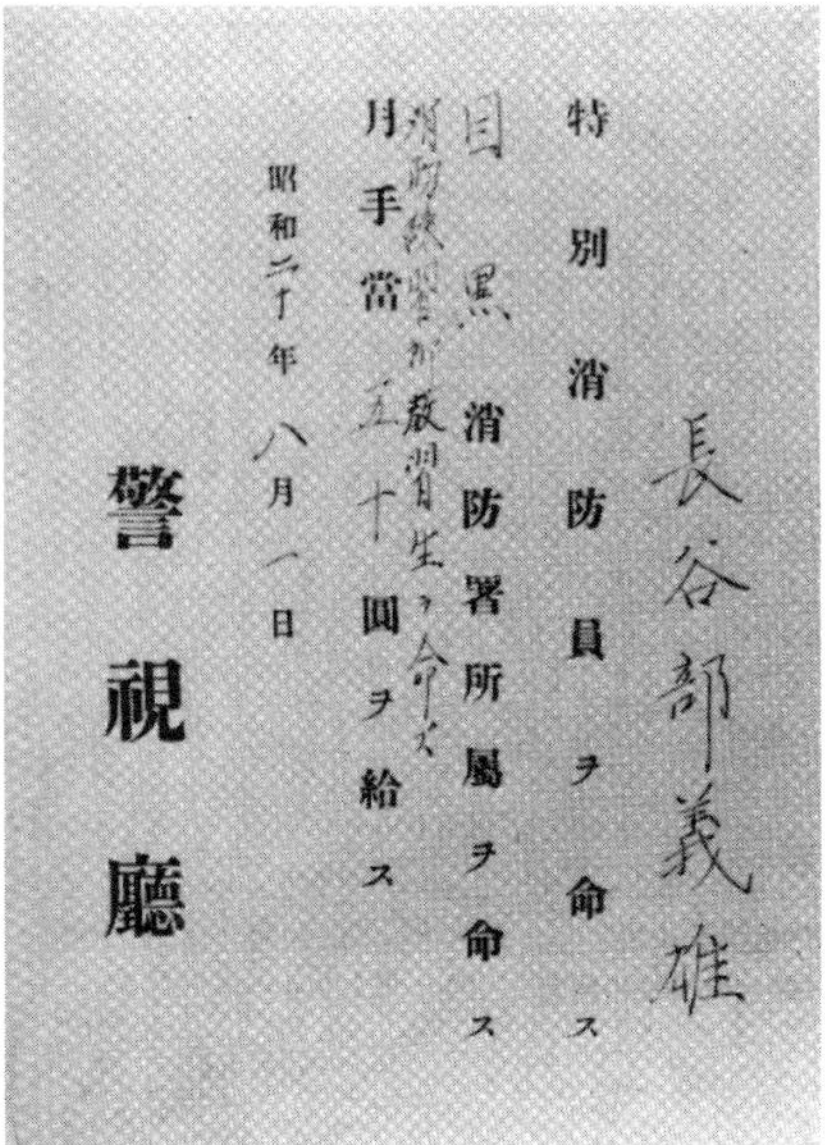
長谷部義雄
特別消防員ヲ命ス
目黒消防署所属ヲ命ス
消防練習所[illegible]教習生ヲ命ズ
月手當五十圓ヲ給ス
昭和二十年八月一日
警視廳

特別消防員の辞令

し、多くの殉死者をだすなど、辛苦をなめることとなる。その一人に、東京初空襲を学校で体験した、早稲田の学生、村山久がいた。

村山久は後に、三月一〇日の東京大空襲で、ヤスリ工から年少消防官となった加瀬勇と運命的な出会いをし、壮絶な体験を余儀なくされた。

「欲しがりません、勝つまでは」

開戦当時は、物価は上がっていたが、金さえ出せば欲しい物はどうにか手に入れる事ができたが、それにつけ込むヤミ屋が横行、「ヤミ成金」や「戦争成金」と言った類の言葉が生まれた。

戦争が長引くにつれ、庶民の暮らしにも、欠乏と代用品の生活が迫ってきていた。

代用品に「芋パン」、駅弁の値上げで「日の丸弁当」、それすらなくなり、かまどの薪《まき》まで配給制になり、大蔵省では職員に靴の代りに「下駄《げた》で登庁も結構」と通知するまでになった。

パーマネントも完全廃止され、女性はモンペに、かっぽう着姿、男はカーキ色の国民服と、外見だけでなく、人々の心まで決戦一色に塗りつぶされていった。

だが、庶民は「欲しがりません、勝つまでは」と、神の国日本の必勝を信じ、わが家のナベや釜、村のシンボル火の見櫓の半鐘、渋谷駅前の忠犬ハチ公像まで、ありとあらゆる金属をかき集め、兵器増産のために供出し、庶民はただひたすら飢えとモノ不足の欠乏に耐えた。

それでも、ヤミで物が買え、食べられればまだ良かった。

昭和一九年八月、軍需省はサイパン陥落後の日本国力の崩壊を認め「贅沢は敵だ」とその窮状を訴え、最高戦争指導会議で「国民生活を中心とする民需を犠牲にして軍事にあててきたが、年末には国力は喪失する」と、もはや日本経済は立ち直れないと悲痛な声を上げた。

明日の食事も事欠く窮乏生活に、政府は八月一五日、東京と大阪で防空備蓄米五日分を特別配給として決定したが、焼け石に水で、さらに空襲という爆撃の洗礼を受ける庶民生活は、一段と厳しさが増してきていた。

国民の困窮はこれだけでは済まなかった。

昭和一九年一二月七日、激震が東海地方を襲った。マグニチュード八・〇、震源地は熊野灘で、高さ一〇㍍の津波も発生した「東南海地震」である。

天竜川に架かっていた東海道線の長い鉄橋が壊れ、名古屋市内と郊外で被害が続発し、飛行機を量産する巨大な軍需工場が、一か月以上の操業不能に陥り、その後の地震の影響で完全復旧はできない大打撃を受けた。

さらに、日本列島に異常寒波が襲った。

一二月から明けて昭和二〇年にかけての冬、各都市の水道管は凍り付き、電車が雪と氷で運行中止が続き国民生活は困窮、特に暖をとる薪や炭の燃料不足で物価は高騰。栄養不良が加わり、凍死者も増え、苛酷な勤務を強いられた工場労働者に肺結核が流行蔓延した。

空からの敵は、米軍の爆撃機だけではなく、異常寒波と言う敵とも、日本国民は戦わなければならなかったのである。

第五章　戦場に駆り出された消防戦士

防空の盾になった消防

日本の絶対国防圏が破られ、機動部隊も壊滅し、「年内には国力は喪失する」と、政府が悲痛なまでの国情判断をした。

もはや、どうやろうと満身創痍《そうい》の日本国に勝ち目は見当たらなかった。そして、昭和一九年一〇月、危急存亡の瀬戸際にたった日本軍が下したのは、爆弾を積んで飛行機ごと敵艦に突入する「神風特別攻撃隊」であった。

陸軍も、海軍に続けと、半月後の一一月一二日に「陸軍特別攻撃隊」を編成して敵艦に突入していった。日本が無条件降伏するまでの約一年、死を前提とした攻撃を日本軍は選択したのである。

死を恐れない人はいない。なのに、身命を賭して戦うことを尊ぶなんて戦法は邪道の外ない。だが、必勝を信じこんだ日本国民は、否応《いやおう》なしに、正道から外れた先の見えない非道に迷い込まれて行ったのである。

軍隊が戦力を失ったからには、敵機の攻撃は防ぎようがなくなった。

東京都民が空襲から身を守るには、東京を脱出する「疎開」か、東京に踏みとどまって空爆と戦う「消防」に頼るかの、二者択一の道しか残されてはいなかった。

「もはや、首都防空は、消防以外にない」

日本政府は、防空の全てを消防に依存し、消防に期待した。

東京上空から落とされる爆弾と焼夷弾の雨、さらに情け容赦ない機銃掃射攻撃。その矢面に消防隊を押し出し、消防隊員を防空の盾にした。

国は、首都消防の強化は国策の重点として掲げたが、もてる国力のほとんどを軍備につぎ込み、国内の防空にまで手が回らずにいた。とどのつまり国は「消防は消防の努力で何とかしろ」と消防に我慢を強いた。

帝都消防は乏しい資機材を工面し、兵隊で召集された消防隊員の補充のために全国から隊員をかき集め、空襲に備えた。だが、その努力も米国の物量の前には余りにも貧しい消防装備でしかなかった。やがて想像を絶する猛爆を受け、初めて米軍の強さを見せつけられ、精神力だけでは通じない途轍《とてつ》もない落差の大きな日米の国力の違いを思い知らされるのである。

「我、身命をもって皇居を死守せんとす」

警視庁消防部もまた「死を覚悟すべし」と、消防隊員を消防戦士に仕立て上げ、敵機が空爆をする戦場の最前線に立たせざるを得なくなっていた。

皇居を護れ

「敵機一機たりとも侵入させない」

日米開戦と同時に、軍部が豪語し、軍人は胸を張った。

宮内省の事務方にも「神州に敵機が侵入するはずがない」と、軍部の言葉を信じきっている人が多くいた。だが、皇居を警護する皇宮警察内では、米軍機による東京空爆は侮れないと、強い警戒心を抱いていた。特に、火災に弱い木造大建築物をかかえる宮内省では、皇居の警備で最大の弱点は、上空から攻撃される空襲であり、その空襲に対応するだけの消防力が整っていないことを認識していた。

当時の宮内省は、内局と外局に約六千人以上の職員を抱え、天皇や皇族の身の回りを支える事務方の職員と、警備等にあたる実務方の職員とでは意思疎通に欠ける事が多々あった。

「何としてでも、皇居を空襲から護る」

日米開戦の昭和一六年、宮内省は、来るべき開戦を見据えて「防空課」と「消防課」を新設し、宮内省皇宮警察の消防ポンプ車と消防隊員を増強するなど、実務に力点をおき、皇居の弱点であった防空体制の充実を推し進める事になった。

だが、宮内省が消防隊増強計画を進めているさなか、突然、日米開戦の臨時ニュースが流れ、同時に、宮内省が最も恐れていた空襲警報のサイレンが鳴る等、一二月八日の開戦当日は、宮内省にとっても慌ただしい大混乱の一日となった。

混乱は開戦日の一日だけで終わりではなかった。ホッと一息をつく間もなく、開戦後にも、連日のように警報が発令され、不気味なサイレンが東京全域に響きわたった。

空襲警報発令と同時に、宮内省はその都度、警戒態勢に入ったが、人員や機材など防空体制が十分に整っていないために、思うような初動体制がとれず不安を残す結果となった。精強な消防部隊の育成が急務とみた宮内省は、消防隊増強計画の見直しを図り、その早期達成につとめた。

年が明けた昭和一七年三月五日の午前八時〇八分、しばらく途絶えていた不気味なサイレンが鳴り響き、警戒警報が発令された。

警視庁消防部は、直ちに非番員全員の非常招集を発令、ポンプ車への増員を図るなど厳重警戒態勢に入った。

警報発令から三〇分後、突然、皇宮警察部から警視庁消防部にポンプ車の応援要請がなされた。宮内省からの異例ともとれる応援要請は、皇宮警察部の防空体制の不備を、警視庁消防部の応援隊で補うと言う、宮内省の要望であった。

この異例の応援要請が、後の皇居炎上で多くの殉職者を出す、悲劇の「消防特別隊」の誕生のきっかけとなったのである。

宮内省は消防隊増強計画を急いだ。だが、「防空強化整備すべき都市は東京を第一」とした防空基準により、優先すべき帝都消防の強化等との関係から、宮内省案の早期実現も容易なことではなかった。

「急げ――――」

防空対策の遅れで、宮内省は焦った。警視庁消防部も同じ思いであった。

空襲攻撃に不安を抱えた帝都東京。その時、太平洋の荒波を切って、米軍機動艦隊が、日本本土初空襲に向かってきていた。

この時、日本では誰一人、迫り来る東京初空襲を知る人はいなかった。

皇宮警察部からの異例の応援要請があった日から約一か月後の昭和一七年四月一八日、

日本軍の監視網をやすやすとかいくぐってきた、米軍機B25一六機が東京上空へ侵入、「まさか……」と不意をつかれ、慌てて空襲警報を発令した時には、爆撃を終えた敵機は東京上空から去っていった。

「聖地である皇居も危うし」

危惧していた米軍機による東京初空襲が現実のものとなって、宮内省は皇居の防空対策を最優先課題とした。

「身命をもって皇居を死守」

もはや、皇宮警察部の生ぬるい消防隊増強計画なぞ待ってはいられぬと、宮内省幹部らは、空襲から皇居を護るためには、火災現場活動の経験が豊富で、即戦力となる警視庁消防部の消防隊を活用する方策が、より現実的であると結論つけた。警視庁に有無を言わせずに、警視庁消防部に「特別消防隊」の発足を促したのである。

全都民を護る限りある消防隊を、その一部であったものを割り引いて、皇居だけのものにすることは、国民感情からみて思わしくないと判断して、皇居を含め重要施設の防空のためとした。

聖地の皇居を護ると言う大命には、何人も口を挟むことは出来ないし、異論を唱えて表立つ者はいなかった。そして、昭和一七年一一月一日、警視庁消防部に「特別消防隊」が発足した。

当時の為政者や軍部の多くは、明治憲法三条の「神聖にして侵すべからず」と言う天皇の名を利用して軍国主義、全体主義を推し進め、「お国のために」の一言で個人の尊厳は無視された。当時、反戦論者は家族からも地域からも非国民と罵られ、「天皇は生き神様」と言う、天皇の神格化と神がかり的思想が正当化されていた時代であった。

宮城の二重橋前では、深々と頭を下げのが日本人として当たり前と躾《しつ》けられ、学校では、天皇、皇后両殿下の御真影への拝礼と、校長が天皇への忠誠心を訓示するなど、天皇制国家一色の教育勅語の教えがあった。

皇室と言う特権を後ろ盾にした宮内省の要望には、警視庁消防部も「やむを得ない」として「特別消防隊」を編成したもので、いわば皇室という、虎の威をかざしての発足とも言える。

三つどもえの皇居消防

戦時下の当時、皇族や皇居の警護・警備には、宮内省の皇宮警察と陸軍の近衛師団が合同で当たっていて、皇居内の消防については宮内省皇宮警察が所管していた。

消防業務を皇宮警察官に担わせていたが、実際の消火活動は別途に消防夫と言う名称で採用した消防夫を皇宮警察官の指揮下で担当させていた。その消防夫の日常業務は、防火パトロールや消防ポンプや消防器具の手入れなどで、勤務は一昼夜隔日交代で、日給制で諸手当が支給されていた。

皇居内での防火管理は厳重を極め、宮城内の火災発生を耳にしたことがなく、消防夫達の実火災経験は皆無に等しかったのである。

皇居の警備には、宮内省の皇宮警察と陸軍近衛師団の二つの組織が、相互に協力し合って成り立っていた。そこに新たた内務省管轄の警視庁消防部の「特別消防隊」が加わることになり、三つの組

近衛師団本部

織間に微妙な変化が生じてきていた。

従来、皇居の門の警備は、近衛兵が行っていたが、近衛兵も徴兵によって集められた兵士であるため人事異動で入れ替わりが多く、宮内省との間に意思疎通を欠くことがあり、しばしば両者間で事がおきていた。そこに警視庁消防部の「特別消防隊」が一枚加わったのである。

皇居内の消防活動は、皇宮警察部と警視庁消防部が相互協力で行われるものであるが、「特別消防隊」はあくまでも応援であり、皇居内と言う現場での指揮命令などの主導権は皇宮警察部が握ると言った、主従の関係が成立されていた。そのため、特別消防隊は宮内省の意向や方針など、全ての面で従順さを求められ「もの言えぬ、もの言わぬ消防」にならざるを得なかった。

行政機関などの組織は、古くから自己組織の伝統的しきたりを重んじる傾向が強く、組織の権益を守るために、他種組織の介入を忌み嫌う組織防衛本能が働く。そして時には、介入してきた異種組織に対して、あらゆる手段を講じて、追い出しにかかると言ったケースが見受けられた。

特に、神秘的なベールに包まれた聖地である皇居内に、たとえ皇居を護る消防隊であろうが、勝手に土足で踏み荒らされるのではないかと言った心配と、時が戦時下でもあり皇族や皇居に関する情報が外部に漏れるのも宮内省は危惧していた。その結果、特別消防隊員には「見ざる、聞かざる、言わざる」を厳守させるなど、厳しい監視の目が注がれることになった。

行政機関のメンツをめぐり、警察と軍隊が争った「ゴーストップ事件」のような組織間の対立事件がしばしば起きていたのである。

特別消防隊もまた、皇居と言う聖域へ、勝手を知らない異種人が侵入してきたと受け取られ、宮内省に対して従順に徹しせざるを得ないと、受忍の姿勢を執った。この従順に徹する受忍が、多くの殉職者を出した要因の一つとも言える。

―――ゴーストップ事件―――

昭和八年に大阪市北区の天神橋の交差点で起きた陸軍兵士と巡査の喧嘩に端を発し、陸軍と警察の大規模な対立にまで発展した事件で、「ゴーストップ」とは信号機を指す。

事件は、信号無視の兵士に注意した巡査に「軍人は憲兵には従うが、警察官の命令に服する義務がない」が喧嘩の元で、派出所内で殴り合いの喧嘩となり、それぞれがケガを負った。騒ぎが大きくなり憲兵隊が出動したが、今度は「公衆の面前で軍服着用の帝国軍人を侮辱したのは許せぬ」と、油紙に火がついて、騒動がどんどんエスカレートした。軍部と警察の対立が「軍隊が殿下の軍隊なら警官も天皇の警官である」と、両者の権益争いまでに発展、両組織の幹部を巻き込む大騒動となった。この騒動が天皇の耳にまで入り、最終的には、事件から五か月目にして、天皇の特命により、急速に和解が成立した。

軍と警察の争いは古くからたびたび起きていた。その原因は、兵隊は軍の威光を背景に警官に対抗心を持ち、警官も取り締まる警察権をバックに威圧を誇張し過ぎるなど、双方の感情むきだしが主なものと言われている。一方、警官は文官として分類されるが、兵隊は徴兵令に従って国民の義務として兵役に服する者とされていることもあって官吏ではないと言った、上下の身分問題もからんだ感情論も根強く存在している。

特別消防隊の発足

「まさか……」の東京初空襲が現実のものとなって、首都東京を最優先とする消防態勢の強化が進められた。

その一つが、ポンプ車を分散して同時多発火災に備えていた、従来型の分散型配置警備に加え、皇居や重要施設を空襲火災から護るために専従できる特別消防隊を整備することであった。

「特別消防隊規程」第一条

「特別消防隊ハ、宮城、大宮御所其ノ他重要建築物ノ消防特別警備並ニ特別ナル水火災ノ警戒防御ニ従事ス」

と定められ、なぜか「空襲」という表現を明記せずに、「特別ナル水火災」と称して発足したのである。軍部がいかに「皇居と空襲」を関連づけるのを極度に避けていたかが窺える。

特別消防隊は、宮城外苑にある楠公銅像前に急ごしらえの仮庁舎に、ポンプ車五〇台、隊員三一〇人で警備することになった。しかし庁舎は余りにも手狭で、しかも隙間風が吹き込むなど粗悪な生活環境に、隊員達は置かれた。

当時の生活について特別消防隊員であった飯田清は「建物はオンボロ、夏は暑いし冬は寒い、畳はボロボロ。南京虫《なんきん》にはたかられ全身かゆくて参った。共用の毛布干しが毎日の日課、食事もお粗末でいつも腹がグーグーと鳴って困った。お前ら

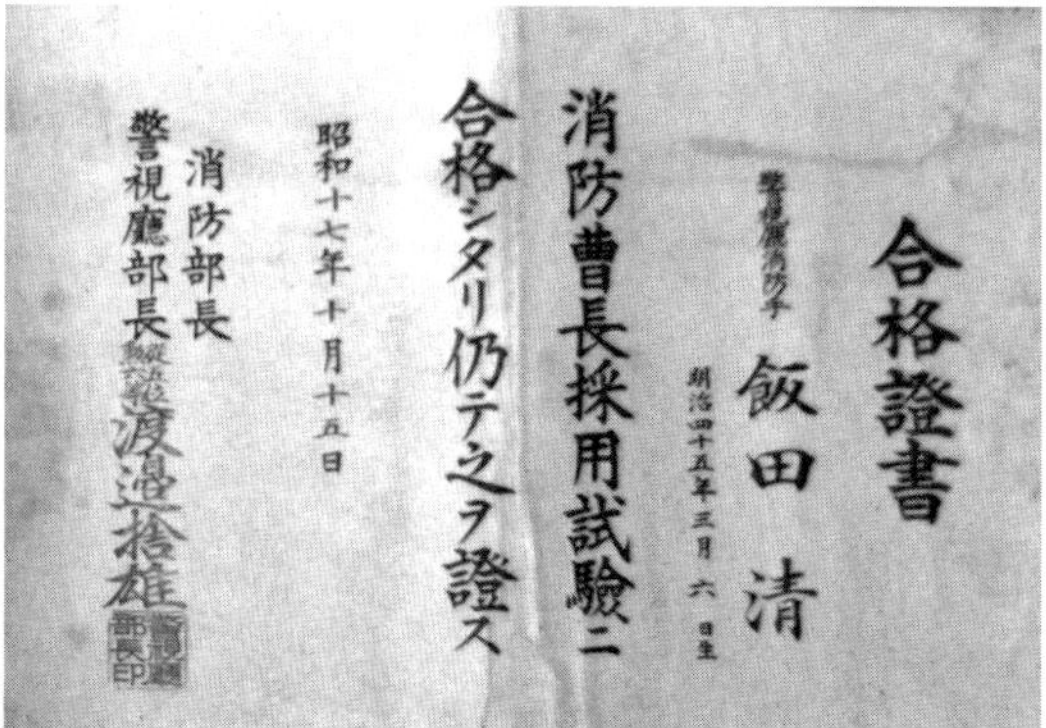
合格證書
飯田　清
明治四十五年三月六日生
消防曹長採用試驗ニ
合格シタリ仍テ之ヲ證ス
昭和十七年十月十五日
消防部長
警視廳部長　渡邉捨雄

消防曹長の合格証書

は卑しくも、天皇をお守りする選ばれた消防人だ、身だしなみと清潔を保てなんて精神訓話を毎日、かゆいのを我慢して耳にタコができるほど聞かされた。そして最後に、ここでの事はたとえ親でも口外してはならないとクギをさされた」と語った。

見かけは選ばれた優秀な集団と、外からは羨望の目で見られてはいたが、隊員達本人にとっては、がんじがらめに縛られ、自由という時間が奪われた束縛の日常生活を強いられていたのであった。

昭和一七年一一月一日、特別消防隊が正式に発足、皇居前の広場で結成式が挙行された。各消防署から選び抜かれた優秀な隊員達が居並ぶ前で、政府や軍の要人達が「日本の勝利は君たちの双肩にあり」と檄をとばした。

「我、身命を賭して皇居を護らんとす」

制服に身を包んだ若者達は、聖職に選ばれた誇りを持ち、胸を張って激務に当たり、服従の誠を捧げる決意を、澄んだ瞳で応えた。

特別消防隊が発足して一か月。警視庁消防部は、帝都消防にも「大和魂」を植え付ける戦陣訓とも言うべきき「消防訓律」を制定し、消防隊員に戦時下における消防精神論を徹底的に叩き込んだ。

〈消防訓律〉（略　四〜一二、一七〜二〇、）

第一条　尊厳ナル国体ノ本義ニ徹シ至誠一貫皇運連扶翼ノ道ニ精進スベシ

第二条　崇高ナル職責ヲ自覚シ各分ヲ尽シテ消防使命ノ完遂ヲ期スベシ

第三条　旺盛ナル消防精紳ト強健ナル体力ヲ錬成シ只菅訓練以テ機ニ応ズルノカヲ養ウベシ

第一三条　常ニ上官ノ意図ヲ体シ至純以テ誠ヲ捧ゲ進ンデ之ガ補佐ヲ為スベシ

第一四条　言語ハ簡明ニシテ然も礼ヲ失セズ時ニ敬礼呼称ハ其ノ厳正ヲ期スベシ

第一五条　服装ハ端正ニシテ姿勢ハ威儀ヲ整ヘ挙措謹厳ニシテ敬礼ヲ重ンズベシ

第一六条　機械器具ハ愛護保全ニ務メ物心一体以テ機能ノ妙用ヲ発揮スベシ

第二一条　猛煙猛火ニモ心ヲ動セズ混乱ノ事態ニモ沈着ヲ失うハズ勇猛果敢任務ヲ果シ死スルモ尚巳マザルノ気概アルベシ

第二三条　居常言行ヲ慎ミ品位ヲ保チ日常ノ生活ハ明朗簡素ヲ旨トスベシ

第二四条　操守堅実ニシテ純潔ノ気風ヲ高持シ官紀ヲ振作シテ道義ノ興降ヲ期スベシ

消防の戦陣訓と言うべき消防訓律。それは自我を捨て命令を厳守し、死する覚悟の日本軍が執った、特攻精神論そのものであった。

消防訓律の制定にあたった当時の警視庁消防部総務課長の葛西奥羽之は、次のように述べている。

「今や、大東亜戦争は国家の全力を奮って死闘する大決戦下にあり、前線銃後の区別なく国内戦場の意識で挙国戦場精神の高揚を期し、我等消防を通じて御奉公の誠を捧げ、火災警防は防空の第一線に立ち以て国土防衛の一翼を分担する帝都消防官は、殊に皇居を守護し奉り、帝都七百万の市民を守るべき大任の職にあり其の使命極めて厳粛にして尊厳なることを今更申す迄もないところである。

もはや帝都の消防は単なる消防機関としての消防にあらず、社会施設としての消防にあらず、実に戦争遂行の国防力としての消防であり、挙国体制としての消防である。

よって之が使命の達成を期する上に職責の完遂は最早科学消防のみを以てしては満足出来ざることとなり、真に皇国臣民たる自覚の上に立つ魂の消防建設でなくてはならないこととなった」

今次戦争は近代科学との戦いでもあった。だが、今や日本は近代科学に遅れをとり、敗退への道へ転げ落ちて行った。

「科学消防を当てにしない」と言う、半ば敗北を意識した、捨てばちとも聞こえる「消防訓律」。人間の根性論、精神論を唯一ものと強調した「消防訓律」には痛々しい悲壮感だけが伝わってくる。

貧弱劣勢な消防力を、大和魂で補おうとする消防部幹部達も、国策という名の権威に翻弄され、必死に生きて来た、その時代の犠牲者の一人でもあったのであろう。

皇居を守護する消防のエリート集団である特別消防隊員の規律と訓練はとりわけ厳しかった。

五分前に準備完了で整理、整列の時間厳守。集合は常に駆け足。制服は清潔、身だしなみは端正を旨とし、皇居内では個人行動の禁止など、宮内省職員から「田舎者」と嘲笑されないよう言動には特に注意されていた。

日課として、毎朝の訓示と「我々、特別消防隊員は畏くも宮城警防の重任に身を捧げ誓って天皇陛下の大御心に服し奉らんことを期す」と言う要項を唱和し、「人体の六割は水分だから、何もない時は、腹で押さえて焼夷弾を消せ」と非科学的な狂気にも似た訓練指導が繰り返された。これを盲目的に受け止めた若者達は、次第に勇猛果敢な消防戦士に育てられていった。さらに、宮内省皇宮警察消防隊だけには「負けるな」と言う、強い対抗心が植え付けられ、猛訓練に耐えていた。

だが、昭和二〇年二月二五日と、三月一〇日の東京大空襲で、大宮御所の一部が空襲被害を出したことから、「消防訓律」のとおり、特別消防隊員達に対し、捨て身の決死の消火活動を強いる事になり、五月二五日の空襲では、皇居が炎上して、一挙に一八人の殉職者を出す惨憺《さんたん》たる事態に至るのである。その実態はいまた明らかにされず、その責任の所在も不明のままである。

圧倒的な物量を誇る米軍の猛爆撃に対し、消防訓律の精神力で立ち向かう若き消防官の悲壮な姿がそこにあった。

年少消防官の誕生

首都東京の空襲は必至となり、防空消防の強化が国策となったが、赤紙一枚で成人の男性が召集され、防空の要となる増強すべき消防隊員も例外なく、一人二人と消防署から姿を消し、消防隊員の増員は容易ではなかった。もはや時すでに人的資源は枯渇して、国民総動員の時代に入っていた。

「大人がいなけりゃ、子供を使え」

昭和一八年八月一〇日、内務省訓令が急きょ改正され、年齢二〇歳以上とされていた消防手の採用を、一八歳以上と採用年齢を引き下げたのである。

同年一〇月一日、第一期生の年少消防官一一六人が、消防訓練所へ入所し、三か月の特訓を受けた後、消防戦士となって、戦場となる消防署へ勇躍して行った。

未成年者を採用するに当たり、内務省も、さすが気が引けたのか、勤務内容は受付や通信勤務などの軽勤務とし、進学の機会も与えると言った優遇策を示した。だが、勤務や進学の優遇措置はお題目で、実際にはほとんど適用されず、むしろ純朴な少年なるがゆえに酷使される事が多かった。実際に空襲が始まると、年齢の事は関係なく、決死の消防活動に駆り出され多くの若者達が壮絶な殉職をした。

「おい、若いの、消防になれよ」

東京初空襲以来、暇を見つけては、城東消防署へ遊びに通い、消防官と馴染みになったヤスリ工の加瀬勇に「年少消防官」への誘いがきた。

「俺、まだ二〇才になってないぞ」

加瀬には夢があった。早く一人前の職人になり、自分の腕一本で故郷の千葉県の実家へ仕送りし、父に親孝行をしたいと言う現実的な夢を抱いていた。堅苦しい管理社会の消防生活を垣間見《かいま》ていた加瀬は「俺には、勤まらない」と、律義で一本気な加瀬は消防への誘いを一笑に伏した。

だが時代は、加瀬勇を必要としていた。

猫の子も借りたい消防は、若くて健康で、律義で男気な加瀬勇を諦めてはいなかった。連日、加瀬勇の説得にあたったが、「うん」と言った返事はついぞ聞かされないでいた。だが、頑固な加瀬を説得させる奥の手を耳にした。同じ千葉県出身の消防官から「親孝行の勇なら、同じ頑固者のおやじさんの説得がいいぞ」と入れ知恵が入った。

「せがれがダメなら、父親を口説け」

消防署員は千葉の実家へ出向き頑固おやじの説得に成功、加瀬勇の年少消防官が誕生したのである。

「精いっぱいやります」

加瀬勇は二つ返事で年少消防官入りを決意した。そして、昭和一九年四月一日、東京の国立市の消防訓練所へ入校、警視庁消防手の第一歩を踏み出すことになる。

後に加瀬勇は、二〇年三月の東京大空襲の消火活動中に猛火に囲まれ、九死に一生を得るも、大ヤケドを負うと言う、壮絶な体験をする。

一方、東京初空襲で自宅が全焼して埼玉県の親戚へ居候生活を余儀なくされた坂井昭三少年は、慣れない畑仕事の手伝いをして、母と二人で細々とした生活を送っていた。継ぎだらけのモンペ姿で、夜遅くまで針仕事に精を出す母の後ろ姿を見ては「母を楽にさせたい。東京で働いて現金を手渡したい」と坂井少年は、その日が来るのを待っていた。

昭和二〇年の早春、一八才になった坂井少年は「東京へ行って消防官になる」と母に告げた。坂井昭三が年少消防官を目指して訓練所で特訓中に、皇居炎上となる二〇年五月二五日の「東京に燃えるものがなくなった」と米軍が言わしめた空襲火災を体験する。

かき集められた学生と警防団

「まだ足りない、集めるだけ集めろ」

首都東京の防空は消防だけが頼りとした政府は、消防職員の大増員に檄を飛ばし、年少消防官の採用などで警視庁消防部の消防官は一万人にまでに達した。だが、昭和一九年末から始まった米軍の本格的な空襲で、不眠不休の消防隊員はいまだ不足であった。

疎開で空き家になった家や、営業停止の旅館や料亭などに、警察と消防職員を宿泊させ、自宅に帰すことを許さぬ非常手段の、二四時間の拘束を強いて、人員確保に当たっていた。だが、消防隊員達の心身の疲労が蓄積されケガ人や病人が増え、二四時間の拘束にも限界がきていた。

「誰か、使える男手はいないか」

そこで目をつけられたのが、徴兵猶予されていた理工系と医学系の学生の学徒報国隊員と、民間の警防団員であった。

日本政府は、日本男子を根こそぎかき集める作戦をとったのである。

空襲が激しさを増してきた昭和二〇年一月一五日、「現有消防機械全台数ニ対スル運用所要人員ノ急速ナル充実ヲ図リ以テ予想スベキ大空襲ニ対スル」ために、消防隊員に準じた「特別消防員」制度を発足させた。

消防署に宿直勤務して、消防隊員の補佐をするもので、三日に一回の宿直勤務をして、消防隊員と一緒になって空襲火災の消火活動に当たることになった。警防団員は二月一〇日に約一千五百人、学徒報国隊員は二月三日に都内の大学、旧制高校へ約四千八百人を割り当てた。

「お国のため」と、問答無用の割り当てがなされ、訓練もされず、防火服等もなく、ナイナイずくめの員数合わせを急ぐ、慌ただしい中で「特別消防隊」が発足したのであった。

東京が戦場とかした三月一〇日の東京大空襲では、消防隊員と共に多くの特別消防隊員らが殉職したが、その殉職者数も、学徒報国隊員数も正確な記録は残っていない。

全国からかき集めた中古ポンプ車

日米開戦から帝都消防の消防ポンプ車増強が始まった。

はしご車や救急車は見送られ、増強は全て、空襲火災に備えるポンプ車に充てる計画であった。だが、軍事優先の時代背景から、空襲への備えには軍部は消極的であった。また、輸入に頼っていた資源のない日本は、開戦と同時に全ての物資が欠乏し、消費物資の統制がなされ、消防ポンプ車増産計画は延々と遅れた。

ヨーロッパ戦線で、ベルリンやハンブルグの都市空爆で、同時多発火災の惨状が伝わり、早急に都市消防の強化を必要とした計画が、思うように進まないいら立ちから「かけ声倒れの、消防力強化」とか「ポンプ車がなけりゃ、素手で消せと言うのか」と、政府へ批判の声が上がっていた。

昭和一九年三月、「もはや遅し」と、政府は有無を言わせずに、地方のポンプ車を東京へ集める強行手段に踏み切った。使用頻度は少ないと言っても、村民らを守る消防団の手引ポンプを引き抜かれる事は、村にとっては一大事であったが、半ば強制的に北は青森、南は三重まで一八県から、三〇一台のポンプ車と手引きポンプ九二〇台を拠出させ、一応は体裁を整えたのである。しかし、集めてはみたが、ポンコツ車同様なものが多く、中にはポンプ小屋に置きっぱなしの骨董品の類の物もあり、修理に手間取り、使用するには苦労があった。

一方、新規に製造されたポンプ車も、資材と職人の不足、それに短期納期を命じられ、粗製乱造に陥り、エンジン不調や、一旦エンストすると二度とかからない機関員泣かせのポンプ車などもあった。

エンジントラブルで命の綱である放水が止ま

増強されたポンプ車

り、炎下の真っただ中に取り残された消防隊員や避難者が犠牲になったケースもあった。

空襲下の戦場は、正に非情であった。


昭和の時代は、世界の強豪列国が、競って軍事力を強化した時代であった。

日華事変の勃発を契機に、日本国も「列国に負けるな」のかけ声で、軍事産業が急ピッチで進められ、町工場が立ち並ぶ東京の下町、城東、城南、城北の地域から、東京の郊外へと大型軍需工場が急速に広がっていった。

広大な畑と雑林の地に、巨大な軍需工場が突然に出現した。

そこは、米軍が最重点の攻撃目標とした、日本の軍用飛行機工場の中島飛行機（株）武蔵野制作所であった。後に、東京消防庁の消防総監となる大川鶴二が、東京帝大在学中に学徒報国隊として中島飛行機へ派遣され、飛行機の設計・製造に従事することになり、そこで、米軍機による空爆を受け、その精密な爆弾投下をみて「ここに米軍のスパイが潜んでいる」と言った逸話と、「これでは日本は勝てない」と米国の科学技術との差をしみじみ感じたと語っている。

巨大な工場群の出現は、人口の急増と犯罪が増え、地域の治安維持と犯罪防止で、警察署が瞬く間に完成した。だが、「村には予算がない」の一言で、火事と救急は後回しとされ、村の消防は民間の消防団が頼りであった。

国の最重要施設とされた中島飛行機工場が、防火・防空に無防備のままにされていた。

だが、空襲が必至となった昭和一八年七月、戦時体制の強化を図るために「東京府」が「東京都」に生まれ変わり、防空関係予算が増加され、ようやく、八王子、立川、武蔵野に、ポンプ車六台ずつを配置した。待望の消防署が誕生したのである。

「まず、軍事施設を叩け」

米軍の戦略目的は、日本の軍事力を根元から壊滅することにあった。

手薄な防空体制をついて、米軍機が虎視眈々《こしたんたん》と、東京の郊外に広がる巨大な軍事工場群を狙っていた。

第六章　無差別爆撃で消防は負けた

東京空襲へのテスト

「東京空襲はいつでも出来るぞ」

日本軍から奪ったサイパン島では、米軍は急ピッチで航空基地を整備し、燃料や爆弾などを運び込むなど、東京空爆の準備が着々と進められていた。

制空権が米軍に支配されたサイパン島を、決死の思いで偵察した日本海軍の偵察機が持ち帰った写真には「東京空爆近し」の、爆撃準備を急ぐ状況が鮮明に写しだされていたのである。

米軍は、東京空爆を成功させるためには、「無謀」を戒め、はやる気持ちを抑え、念には念を入れた周到な事前準備を怠らなかった。

日本の防衛情報の収集と関東地方の気象、それに加え、東京空襲を決行する前に、航法やレーダーのテストをするために、昭和一九年一〇月、サイパン島イスレイ基地から、空の要塞B29爆撃機一九機が、日米が争奪戦を繰り広げている激戦地のトラック島を昼間爆撃した。

「これなら東京空爆はうまくいく」

B29の昼間爆撃テストは米国の思い通りに、上々の成果を収めたのである。

「ついに、来るべき時が来た」

日本軍は、空の要塞B29が、この昼間爆撃の作戦行動に入った事を、トラック島からの通報で知った。覚悟はしてはいたが、じわじわと迫って来る米軍機による空爆危機に、日本の陸海軍の首脳部は、劣勢な軍事力で対抗せざるを得ない軍防空の実態に「もはや東京空襲は防げない」という思いに至っていた。

「いつ、やって来るのか」

聖地である皇居の目の前に建造された頑丈な地下室。そこに、日本本土防空の総合指揮をとる東部軍司令部があった。司令部の作戦室に掲げられた地図を前にして、作戦参謀ら首脳陣に緊張感が張りつめていた。

「一機たりとも聖地に侵入させるな」

やすやすと侵入された二年半前の東京初空襲時の失態を、二度と繰り返すなと、東部軍司令部は連日、隷下の部隊へ厳命していた。

B29の昼間爆撃テスト成功で、自信を得た米軍は、早速に、B29による第一回東京空襲の作戦の細部を練った。

東京空爆作戦、それは、Ｂ29の大編隊により、真っ昼間に、高度九〇〇〇㍍以上の高度から、レーダーによる精密爆撃を行う。攻撃目標は、日本の軍用機を量産している中島飛行機武蔵野工場と決定した。

Ｂ29の航空ショー

米軍は関東地方の過去の気象記録を分析し、気象観測班の測定で「東京の天気は晴れの日が続く」と結果が出た。そして、「飛行チャンスは今だ」と、観測班が興奮を押し殺して、司令官へ進言した。


東京上空に、空の要塞Ｂ29が、ついにその正体を現した。

昭和一九年一一月一日午前五時五〇分、イスレイ基地から、偵察用に改造したＢ29一機でとび立ち、高度九〇〇〇㍍の上空から、東京の軍用施設の写真撮影をおこなった。

この日の東京は、空高い秋日和であった。

「アッ！　煙を噴いてて落ちて行く」

東京初空襲から二年半。忘れかけていた敵機の侵入に戸惑いながら、都民の多くは防空壕に身を隠すのも忘れて、空を見上げた。都民が初めて見る飛行機雲を、高射砲で撃たれて煙をあげているものだと、勘違いをして見ていたのである。

Ｂ29は爆弾を投下することもなく、何もしないで、白い一本の雲の糸を吐き出しながら、ゆうゆうと飛び去って行った。都民は美しい航空ショーでも見るかの様に、豆粒のような飛行機を、固唾を呑んで見送った。

「警戒を怠るな」

東部軍司令部は厳重な警戒体制を敷いていたが、関東近辺のレーダー情報は入っては来なかった。海軍も監視艇を出していたが発見に至っていない。

高性能のレーダーには程遠い日本軍の旧式のレーダーでは、早期の敵機発見は難しく、また、海上からの監視警戒にあっても、肉眼の監視や聴音機での監視程度では、近代科学戦争を戦い抜くには、足元にも及ばぬ脆弱《ぜいじゃく》な監視体制であった。

そんな監視警戒の中、午前一一時頃、父島部隊監視哨から「大型機一機北上中」の情報が入った。だが、昭和一九年末頃には、海上はすでに米軍が制空権を握っていて、日本近海にはときおり、日本軍の様子を窺うかのように米軍機が姿を見せては、足早に雲間に消えて行くのが目撃されていた。

父島部隊監視哨からの情報も、ときおり見せる米軍機の類だとし、たとえ、日本本土に接近することになっても午後一時か二時頃との判断で、司令本部はいつもの様に、しばらく様子を見る事として、特別な対応はしなかった。

日頃から口酸っぱく「警戒を怠るな」と気合いを入れていた司令部こそ「気合いが欠け」、気の緩みがあったと、言わざるを得ない判断ミスが、早々と生まれていた。

午後一時〇八分、突然「敵機、勝浦から侵入」の報告が司令部に入った。

敵機が伊豆七島に接近して初めて、高度一万メートル以上の上空を飛来する敵機を捕捉できたのである。

「敵機侵入」の一報の後、競ったように続々と「敵機発見」の報告が司令部に舞い込み、不意をつかれ混乱する司令部の地図上には、一機ではなく数機の飛来状況が表示された。

地図上の表示を見て「本格的な敵機襲来」と判断した本部は、第一報から一五分後の一時二三分警戒警報を発令、次いで、二分後に追っかけ、空襲警報を発令するといった狼狽《ろうばい》ぶりを見せた。

「侵入した敵機は絶対に撃墜せよ」

各飛行隊に厳命が下った。

成増、調布基地から迎撃機が発進した。一方、厚木基地では、事もあろうか、警戒は二の次にした下士官の進級式が行われていた。式の途中で警戒警報が鳴り、慌てて外へ飛び出し、上空の飛行雲を見て初めて敵機襲来に気付き、進級式を中断、出動準備が整い切らぬまま、飛行機のエンジンを始動させて慌ただしく発進する始末であった。

日本軍の防空は、何もかもが遅きに期した。

B29が東京上空に侵入してから追撃しても、高度一万メートル以上に達するには四〇分以上もかかる日本軍の飛行機では追尾することは無理であった。しかも、「数機が侵入」と司令部が即断したため、多くの日本機が、敵機を探し求めて右往左往と旋回して、東京上空は大混乱し、地上の監視哨が敵味方の判断すら出来ないなど、混乱に拍車をかける結果にもなった。

日本の防空体制が、いかにお粗末であったかを、又も、見せつける醜態を東部軍司令部は演じてしまったのであった。

「軍防空」が当てにならないなら「民防空」が頼りとされた首都東京。

「敵機らしきものが接近中」

警視庁消防部から都内全消防署へ一斉に緊急情報が流れた。

東京の国立にある消防訓練所で、しごきにも似た厳しい教育訓練で鍛えられ、晴れて年少消防官となった加瀬勇は、かって知っている城東消防署へ配属されていた。

「警戒警報」に次いで「空襲警報」が本部から伝達され、消防署の望楼に設置された拡声器からサイレン音が町中に響きわたった。

「退避!」「退避!」と、警防団員がメガホンを片手に町中を駆け廻り、道行く人は物陰に身を隠し、町工場から漏れていたモーターの音も消え、町中はサイレンだけが鳴る、無人の町に一変し、日頃の民防空の訓練が生かされていた。

「あれが敵機か?」

空高く、飛行機雲を流してゆうゆうと飛来する豆粒みたいなB29飛行機を初めて見た加瀬勇は、その場を離れずに、いつまでもB29の機影を追い、飛行機雲を残して姿を消した後には、空に伸びる幾筋もの日本軍が撃ち上げた高射砲の弾幕の跡が虚《むな》しく残っていた。

消防訓練所で、徹底的に愛国心を叩きこまれた少年加瀬勇は、B29が偵察飛行であることも知らず、二度目の敵機襲来体験でも、何もしないで飛び去っていくB29を怪訝そうな

顔で見送り、東京初空襲の時と同じによう
に「敵機襲来なんて、平気のへだ」と、敵愾
心に燃える一人前の消防戦士に育てられてい
た。

この日から五か月後に、東京大空襲という
大惨事が、若き消防戦士、加瀬勇を待ち構え
ていることを知る由もない。

皇居を死守する、皇宮消防隊と警視庁消防
部の特別消防隊は、空襲警報発令と同時に警
戒体制に入り、ポンプ車のエンジンを始動さ
せ、隊員は防火服を着装して、出動命令を待
つばかりの緊張した待機姿勢にあった。

「聖域には敵機は一機たりとも侵入させな
い」と豪語したにも拘らず、帝都の上空に
は、我がもの顔で飛行する豆粒の様なB29が

宮殿・千種の間

目撃された。

都会の喧騒《けんそう》から離れた、いつもは静寂に包まれた皇居内が、お堀を越えて不気味なサイレン音が鳴り響き、制服姿の警護や警備員らが駆け廻り、あご紐をかけた軍服の兵士が乗るオートバイが行き来たりし、宮内省の職員が物陰から恐々と上空を見上げるなど、普段とは一変した緊迫感がみなぎっていた。

飛行機雲を残してＢ29は姿を消し、迎え撃つ高射砲の発砲音が消え、東京に静寂が戻った。

「聖地も安泰ではない」

誰も口には出さないが、皇居にも空襲の危機が迫ってきていることを実感していたのである。

特別消防隊長は、緊張する隊員に向かって「我々は皇居を死守する」と厳命を繰り返した。

Ｂ29のワンマンショーは一日で終わりではなかった。五日、七日と続いた。

その都度、飛行機部隊は、高度一万米《メートル》以上を飛行するＢ29に追跡することもままならず無念にも取り逃がし、高射砲隊も砲弾が届かず、たった一機のＢ29に、日本の軍防空は、好きなように翻弄されてしまったのである。

歯ぎしりをする民防空の消防隊をしり目に、軍防空の東部軍司令部はあくまでも強がりの虚勢をはり、「敵は、築地上空にて、わが高射砲の弾幕に会い、東京湾上へと遁走《とんそう》せり」と、ラジオを通して国民に発表した。

「遁走でなく遊走」だ。

国民の多くは東部軍管区情報を頭から信用しようとも思わなかった。それよりも、「今に、一機でなく、東京上空が敵機で埋まる」と東京大空襲の不安を抱いた。

この都民の不安が、現実のものとなる日が、目の前に迫ってきていた。

空対空の特攻隊

「東京には一機たりとも入れない」と豪語した軍司令部の面子は丸つぶれであった。しかも、都民が見守る中での空中ショー並みの日本軍の迎撃戦で、愛想をつかされた軍部は、その怒りの矛先を、事もあろうに命を賭けて空の要塞Ｂ29に挑んだ飛行隊員に「なぜ、体当たりができなかたんだ！」と、帰還した操縦士に声を荒らげ、罵倒した。

日本の航空機の性能限界をはるかに超えた一万㍍以上の戦闘に、大和魂の精神論で挑戦せざるを得なかった若き操縦士達は、ただ無言でうなだれ、悔し涙に堪えていたのであった。

「飛行機を責めても、操縦士は責められぬ」

見かねた参謀の一人が弁護するも、国運を賭けたレイテ島等の外地での航空戦は激化の一途をたどり、今や、航空機の消耗戦となっていた。追いつかぬ航空機生産で底をついた航空機の補充に、本土防空専用の一〇〇機を投入するなど、やりくりしての戦闘を余儀なくされ、本土防空もついに、敵機必殺の特攻へと邪道の道にのめり込んでいったのである。

一一月七日、たった一機に翻弄されて、「何をしている！」と罵倒され、屈辱感を味わった飛行師団長は、機銃や防弾装備など、飛行に必要な物以外は全て取り外した軽量機で、Ｂ29に体当たりする「空対空特攻隊」を決意したのである。

空の要塞Ｂ29の出現で、日本の軍防空は、「死をもって皇国に報ずる」特攻という、最後の手段を選ぶほかなくなっていた。

Ｂ29の侵入を防げない限り、日本の防空は帝都消防に依存するしかなかったのである。米軍は、三回の東京上空からの偵察で得た精密写真で、本格的な東京空襲計画を樹立した。攻撃目標は東京郊外の中島飛行機工場であった。

サイパン島のイスレイ基地には、攻撃に備えるＢ29が、今か今かとその時を待っていた。

Ｂ29の東京初空襲

東京空爆の決行は、一一月一七日と決定されていた。

日本の冬の天気は変わりやすい。しかも、「神風が吹く」と言う、日本には古《いにしえ》からの言い伝えがあった。その日、搭乗員達は早朝から出撃準備を整え、機上で決行の命令を待つのみであった。

「東京空爆の日は近い」

日本軍は、偵察機の写真撮影で、着々と出撃準備が進むイスレイ基地の様子から「東京空襲近し」と判断。皇居の目の前の頑丈な地下室内で、東部軍司令部は連日連夜、迎撃作戦会議が行われ、眠れぬ日が続いていた。

Ｂ29に体当たりを自ら名乗り出た特攻隊員達は、部屋に閉じこもり、その日を待った。若き隊員達は、残り少ない人生を前にして、何を思い、何を憂いたのか、その心の奥底に潜む心境を明かすことなく、死への旅立ちの日を、ただひたすら待った。

多くの国民は「神国には神風が味方する」と、日本の勝利を疑ってはいなかった。

その日、一一月一七日は、サイパン島は暴風雨圏内にあった。

海上に居座る台風の影響で、イスレイ基地は暴風雨が吹き荒れ、司令官は時計と空を見上げては、首を傾《かし》げ、苦々しく「延期」と声を荒らげた。

神風はどちらに味方するのか。

台風が去っても、日本列島に連なる高い山脈の影響もあり、日本上空は冬特有の気象の変化で、日米両軍共に、苦戦を強いられことになる。

一一月二四日、荒れ狂った雨風がおさまり、B29の出撃条件が整った。

イスレイ基地に空の要塞B29爆撃機が一一一機、朝日を浴び、銀色に光るその威容を現した。そのB29の腹には都民の頭上に落とす約二・五トンの爆弾が詰まっていた。

午前六時一五分、一番機が、双発のターボエンジンが轟音を発し、台風一過の晴天へ真一文字に上昇していった。途中、一七機が故障で引き返し、残る九四機が攻撃目標の東京へと向かった。

作戦に参加したのはB29だけではなかった。

F13戦闘機の数機が、B29とは別ルートで東京の南東から侵入し、写真撮影と日本のレーダーを攪乱《かくらん》させる任務についていた。一方、海上では飛行艇と潜水艦五隻を配置し、途中の不時着水した仲間を救出救護する用意周到な事前準備がなされていたのである。それは、日本軍の精神論の戦陣訓には見られない、「決して仲間を見捨てない」という伝統的なヒューマニズムが米国には根付いており、これが具体的な行為として実践されることが、隊員同志のゆるぎない信頼感につながり、米軍の強さにもなっているともいえる。

「体当たりしてでもＢ29をやっつける」

東部軍司令部は、「今度は絶対に見逃さない」と、敵機侵入の警戒に全力を上げていた。

「大編隊の敵機を発見」

午前一一時、小笠原諸島の監視哨からの第一報が入った。次いで五分後に海軍監視艇から同じ「大編隊の敵機襲来」の報が続々と入って来た。

八丈島のレーダーが大挙して押し寄せる不明機をキャッチ、大空の要塞Ｂ29爆撃機が首都東京の目前にまで迫ってきていた。

「ついに、来るべき時が来た」

一一時五〇分警戒警報、次いで一一時五八分空襲警報のサイレンが東京全域に鳴り響いた。

空襲警報発令で、消防ポンプ車はエンジンをかけ、消防隊員は完全武装で出動準備を終えていた。

「敵機なんて、へっちゃらだ」

何回か、敵機襲来を体験したことのある加瀬勇は、空を見上げ自慢気に一人で怪気炎をあげた。城東消防署に配属されたばかりの年少消防官加瀬勇は、今やいっぱしの消防戦士になったつもりでいた。

東京の下町は、台風が通過後の余波で冷たい北風が吹き、都民は薄く垂れ下がった雲の彼方から迫って来る不気味な爆音に耳をそばだてていた。

「お客さんが、来たな」

都民は敵機のことを茶化して呼んでいた。

防空壕へ避難して、人っ子一人見えない町中は、恐怖を煽《あお》るようなサイレン音だけが鳴り響く中、雲で遮られた曇り空から、敵機の不気味な音が次第に大きくなり、轟音となって頭上に落ちてきた。

どこにいるのか、見えない敵機に恐怖心が増した。消防士達は身を隠すことなく、爆弾が落ちて来るのを待ち続け、ただひたすら、死への恐怖に耐えるしかない。

いつか轟音が遠のき消えた。無事に敵機が頭上を通り過ぎた事を知って、防空壕から人々がホッとした表情で顔をだした。

「来た!」

誰かが叫んだ。

また遠くから敵機の爆音が聞こえて来た。爆音は次第に大きくなって来て、B29の編隊が次から次へと頭上を通過していった。

「こりゃ、えらいことになるぞ」

今までの一機だけの偵察でなく、大編隊の爆撃機による攻撃を企てている事が加瀬勇にも容易に判断できた。

「敵機数機は帝都上空を北東方面へ侵入し、わが戦闘機と交戦中なり……」

ラジオからは、妙に落ち着き払ったアナウンスが流れた。

「敵機はどこへ、行ってしまったんだ!」

空襲の盾となる、第一線の消防部隊には、敵機の行方については何の情報もなかった。

その時、加瀬勇は、いつか東京が火の海にされると、今まで経験したことのない胸騒ぎを初めて覚えたのである。

この日、敵機は城東消防署管内には爆弾を投下せず、又しても加瀬勇は空襲火災の怖さを体験せずに済んだのである。

「B29は一〇機内外の編成で、伊豆諸島西方を北上中」

地上の指揮所から日本の迎撃機へ、B29の動きが無線で知らされた。

「ピカッ」

太陽の光で反射するB29を発見した。

午後〇時一〇分、「敵機発見」を発信し、迎撃機は慎重に操縦桿を握り、上昇していった。

一〇数機ずつの梯団を組むB29は富士山を目標に伊豆半島を北上、富士山上空で方向変更して、高度一万㍍で東京方面へ向かった。

迎え撃つ日本軍機は秒速六〇㍍のジェット気流に巻き込まれて迷走し、迎撃は失敗に終わった。B29は高速気流に乗りスピードが出過ぎて反復攻撃は困難で、かろうじて攻撃目標の中島飛行機工場と周辺市街地を爆撃して洋上へ姿を消した。

帰還途上のB29を追尾する一機の特別攻撃隊がいた。全速力でB29の巨体に体当たりを決行、B29と共に火に包まれ、銚子沖の海上に没していったのである。

往復一三時間かけたB29による東京初空襲では、四八発の爆弾が工場に落ち、一三〇人以上の死者を出した。飛行機の生産には大きな影響がなかったが、特攻という若き青年の死をもってしても、帝都の護りはもろくも破られたのであった。

「特攻を増強する」

飛行師団長は、戦力の増強が望めず、高高度戦闘機もない日本軍の現状を鑑み、空の要塞B29に立ち向かうには、死を賭けた体当たりが、日本のとれる最後の戦術とし決定した。

神風は吹いた。だが、神風は日米両国に、戦争とは、いかに愚行であるかを教えていたのかも知れない。

昭和一九年一一月二四日の空襲被害状況

【警視庁消防部空襲被害状況】

一、警戒警報発令…午前一一時五〇分

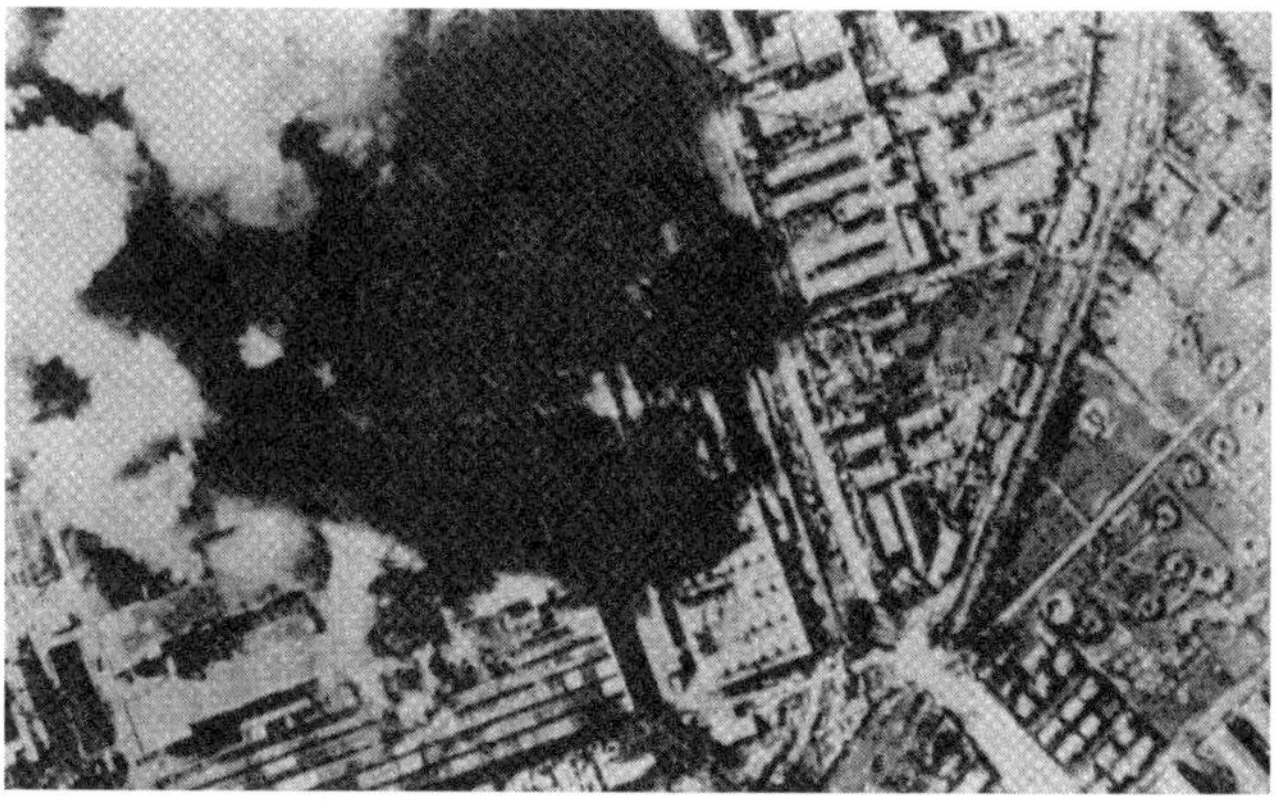

空襲を受ける中島飛行機㈱武蔵野工場

空襲警報発令…午後〇時五〇分
警戒警報解除…午後三時〇分・空襲警報解除・午後四時五〇分

二、来　襲　機　数…B29八〇機

三、攻　撃　方　法…B29八〇機編隊ヲ以テ北多摩郡武蔵野町中島飛行機株式会社及其ノ付近ニ高高度ヨリ集中爆撃ヲ行ヒ然ル後六乃至八機ノ小隊ニ分レ荏原、品川、杉並ノ各区及東京湾ノ各一部ヲ各々爆撃ス

四、投　下　弾………爆弾二五〇キロ級六四個、焼夷弾油脂黄燐中型五〇キロ級三四個

五、気　　　象………天候晴、風位北西、風力軟、湿度七七%

六、焼失地域………中島飛行機製作所付近、江戸川く春江町ノ一部、荏原区西戸越一、平塚一丁目、東戸越三丁目、要町一丁目、品川区西大崎一丁目、五反田六丁目、杉並区天沼三丁目、目沓掛町

七、焼失程度………民家三三棟、三一世帯、四四七坪

八、火災発生及延焼状況……爆弾及焼夷弾混用投下ス　大型焼夷弾ニヨル破壊及着火力強大ノ為初消火及バズ各所共火災一挙ニ発生ス　然シテ木造建物ノ破壊ニヨリ防火作業困難ヲ極メ合流火災若干発生セリ

以下省略（注：著者）

警視庁消防部の被害状況は速報であり、一二月一六日に警視庁警備部で詳報をまとめている。その主な内容は次の通り。

死者二二二人、傷者三二八人、罹災者一三三五人。

罹災家屋三二二棟、焼失面積四八九〇坪。

投下弾……爆弾は百キロ乃至二五〇キロ級総数二三四発。焼夷弾総数一三五発。

中島飛行機工場の被害状況……投下爆弾三七個、焼夷弾一二個。作業所と病院に命中し死者七三人、傷者八四人。被災面積二〇六二坪。

日本軍と米軍の攻防戦

日本軍が反撃に出た。

ゼロ戦でサイパン島の米軍基地を攻撃する「サイパン島特別銃撃隊」を急きょ編成し、米軍も怖がる、機敏な動きで空中戦が得意な日本のゼロ戦闘機で、真っ昼間の攻撃を仕掛ける戦法をとることにした。

一一月二七日午前八時、日本守備隊が堅持している、今や日本の最前線基地となった硫黄島基地から一二機のゼロ戦が飛び立った。米軍のレーダー網を避けるために海上すれすれの低空飛行をして、主力部隊が東京へ出撃した後の基地に残っていたＢ29に機銃掃射を浴びせ、二機破損、七機を大破させた。その日の夜明け前に、日本の爆撃機に攻撃を受け、混乱が収まらない内にゼロ戦機の奇襲で、イスレイ基地は大混乱に陥った。

「硫黄島を奪え」

日本本土空爆の責任者アーノルド大将は、日本軍から制空権を勝ち取ったとは言え、頻繁に少数機で攻撃を仕掛けてくる、厄介な日本機が頭痛の種であった。

本格的な東京空爆には、邪魔な存在である日本国の最前基地の硫黄島を、海兵隊の力で敵前上陸し、憎き硫黄島を占領して、そこをＢ29基地にすることを画策していた。

日本軍には、硫黄島を守るに欠かせない機動部隊は、今はなく、陸の孤島とかした硫黄島を守備する一万一千人の地上兵士に、玉砕覚悟の長期持久戦をさせ、本格的な本土空襲を遅らす時間稼ぎを託せざるを得なかったのである。

「死をもって皇国に報いる」

正に硫黄島は、本土防衛の捨て石として日本国から見捨てられた、悲劇の島になったのである。

硫黄島、沖縄本土、そして本土と、米軍は虎視眈々《こしたんたん》と狙いを定め、その前哨戦《ぜんしょうせん》として、首都東京を手始めに、各主要都市への空爆で、日本国民から戦意を失わせ、早期の終戦を果たそうとしていたのである。

昭和二〇年二月一九日、ついに機動部隊に掩護《えんご》させた、米海兵隊約六万人が、硫黄島への上陸を敢行した。日本の硫黄島守備隊は、塹壕に身を隠しての長期戦に挑んだが、弾薬や食料の補給もない日本兵は、米軍の圧倒的物量攻撃でジリジリと後退し、二月末には米軍は日本の航空基地を占領、三月一七日には本土との交信が切れ、ついに玉砕して果てた。

硫黄島で、弾薬は絶え、飲み水も枯れ、極限状態での死闘を繰り広げられている三月一〇日、首都東京も、わずか二時間半で戦場とかした「東京大空襲」で、約一〇万人の死者を出す、歴史に残る残虐な空爆を受けていた。

日本の絶対国防圏のサイパン島が陥落した時点で「日本の敗戦」は決まったと、日本国の指導者達は認識していた。だが、指導者達はあえて無益な戦争継続の道を選んだ、そして多くの国民を死に至らしめたのである。

見抜かれた防空の弱点

「早まったか……」

台風の去るのを待って一一月二四日に意気込んで、初のB29の大編隊攻撃を敢行したアーノルド司令官であったが、期待通りの成果を得られない事に戸惑いを隠せなかった。だが、次期決行の決断は早かった。

「出動準備を急げ」

アーノルド司令官は、日本軍の反撃と、日本が防空陣容の体制を整える余裕を与えないように、二回目の東京空爆日を早めた。整備員と搭乗員は休む暇もなく「今度こそは……」と攻撃準備に汗を流した。

B29の東京初空襲から三日目の一一月二七日、二回目の出撃を決行した。腹に爆弾を詰め込み、発進準備を終えたB29から、次々とイスレス基地を慌ただしく飛び出していた。だが、その時、硫黄島基地から攻撃に向かった日本機三機がイスレイ基地へ攻撃を開始し、更に、ゼロ戦が機銃掃射攻撃を加えた。基地は大混乱であったが、司令官は、B29の発進を強行、出撃を予定していた六〇%に当たる八一機が、攻撃目標の東京へと真一文字に突き進んでいった。

「敵機が編隊で北進中」

今や日本本土攻撃の防波堤となった硫黄島基地からの通報であった。

硫黄島基地から迎撃機が発進したが、上空は分厚い雲層で覆われ、真っ昼間にもかかわらず、レーダーを持たない日本機は、視界のきかない雲層の中では身動きが出来ず、迎撃は失敗に終らざるを得なかった。

一方のＢ29はレーダーを駆逐して雲層を突き進み、米国は日本軍の弱点の一つがレーダーにあると見抜いたのである。電子技術の差が、日米戦争の勝敗を決したと、終戦後の検証で、多くの戦略家が一様に答えている。

空の要塞Ｂ29も雲層に視界を遮られ、精密爆撃の作戦を急きょ変更してレーダー照準に切り替え、Ｂ29は二手に分かれた。

一部は、天気不順の時の第二次作戦と決めていた静岡、沼津、浜松へと、進路を西に進路を変更して向かった。そして、主力のＢ29は攻撃目標を、中島飛行機工場から急きょ東京市街地に変更した。

米軍が、市街地を爆撃するのは東京初空襲以来、初めての試みであった。

精密爆撃を固執するハンセル准将の日本本土空襲の基本戦略は、軍事施設空爆を最重点にしていたもので、市街地爆撃は極力避けることであった。だが、米国内ではハンセル准将の戦略は「生温いるい」と言った批判の声が上がっていたのである。

「今度は、大編隊でやってくる」

年少消防官の加瀬勇が恐れていた予想は、ずばりと的中した。加瀬勇の三度目の空襲警報体験であった。

午後〇時〇三分。正午の時報が鳴ったと思ったら突然の警戒警報で、早飯を済ませていた城東消防署の消防手の加瀬勇は、防火衣を身に着け署前で厚い雲に覆われた空を見上げた。街ゆく人々は足早に通り過ぎて行く。

「こんな日は、お客さんも来ないだろう」

加瀬は平然とした態度で道行く人々を眺めていた。

いくら待っても空襲警報のサイレンは鳴らず「今日はこれで終わり」と、高をくっていたその時だった、頭上の望楼から恐怖を煽《あお》るサイレンが突然鳴りだした。「空襲！」「空襲！」と声を荒げ、待機していた署員たちが一斉に走り出し、消防ポンプのエンジン音がうなった。

「来たな！」

加瀬は今までにない胸騒ぎがして、心臓が高まるのを禁じえなかった。

午後〇時五八分。東京地方に「空襲警報」が発令された。町に人通りが途絶え、町のざわめきは消え、死んだように動きが止まった。低く垂れこめた厚雲の中から鈍く鳴り響く、敵機の唸り声だけが、次第に大きくなって来た。

「大編隊だ、近い」

前回、敵機が頭上を通り過ぎて行った様子が、加瀬の頭をよぎった。

「ヒュ――」と、吸い込まれる様な甲高い不気味な音に続いて、腹の底に届く「ズドーン」と言う大音量の音がしたと思ったら、地震のような地響きがして、砂塵を吹き飛ばしながら、町中を突風が通り過ぎて行った。

開けっ放しの消防署の車庫に、砂塵が吹き込み、シャリシャリと音を出して舞った。隊員達はポンプ車の陰に身を寄せ、恐る恐る外を見た。人っ子一人いない無人の町は、砂塵《さじん》が舞い、風が吹きぬける、荒野の真っただ中に建つ町並みに似ていた。

「ヒュ――」

隊員達は首をかがめた。再び、恐怖の瞬間が襲って来たのだ。

「ズドーン」「ズドーン」と、地響きと爆音が身近に迫って来た。豪気な加瀬勇や仲間の隊員たちも、迫り来る死の恐怖に、顔が緊張で引きつった。

「望楼発見、黒煙、上昇中」

仲間がたった一人で、一番危険な望楼の上で頑張っている。加瀬は意を決し、ポンプ車に飛び乗った。深い雲層の中に潜み、姿が見えない敵機が爆弾を落とす無人の町中を、消防ポンプ車だけが疾走して行く。その脇で爆弾がさく裂し、運転手が慌てて急ブレーキをかける。前方は黒煙が上がっていた。人々が助けを求めて逃げて来る。加瀬は、燃え上がる火炎を見た時、恐怖心は消えていた。

先輩消防手も驚嘆した。年少消防官の加瀬勇消防手の空襲火災への初陣は、果敢な闘志で健闘したとして、消防署長から賞揚されたのである。

第三回目の東京空襲は、曇り空の関係で米軍機が二手に分かれ、東京へ侵入したB29爆撃機が少なく、しかも反復攻撃がなく、さらに、攻撃が昼間であった関係から、消防隊の消火活動に大混乱を来すことなく、市街地への空爆被害にしては消防隊の活動は効を奏したと言えた。

【警視庁消防部空襲被害状況】（昭和一九年一一月二七日）

警戒警報発令……午後〇時〇三分

空襲警報発令……午後〇時五四分
空　　襲……午後一時一〇分
空襲警報解除……午後三時〇四分
警戒警報解除……午後三時四〇分
来　襲　機　数……B29　一〇機
攻　撃　方　法……高高度ニテ雲上ヨリ編隊ニヨリ集中爆撃ヲ実施ス
投　　下　　弾……爆弾三九個　焼夷弾三二個
気　　　　象……天候曇　風位北　風力軟　湿度七〇%
焼　失　区　域……渋谷区稲田三丁目、原宿一丁目
　　　　　城東区北砂五、六、九、一〇丁目
　　　　江戸川区東船堀町、春江町、桑川町、小松川一丁目
焼　失　程　度……三二棟　八五世帯　四二七坪
火災発生及延焼状況……爆弾及大型焼夷弾混投ノタメ破壊力巨大ナルニヨリ負傷者等モ
　続出シ為ニ初期消火困難ニシテ其ノ機ヲ失シ遂ニ各所ニ火災発生ス

死傷者・被害家屋・罹災者については「警視庁警備係」一一月二八日現在調査ではつぎ

の通り。
死　　者……城東区内三〇人　原宿管内九人　青山管内二人　計四一人
負 傷 者……城東区内二九人　原宿管内一二人　その他五人　計四六人
被害家屋……城東区内七四棟　原宿管内五一棟　その他一二棟　計一三六棟
罹災者数……総数三三八人
敵機来襲状況……敵機約四〇機は西方から帝都上空に侵入し高高度雲上より約一時間
　三〇分間に無差別爆撃を敢行して東方へ退去せり。（著者概要記）
（注）敵機数については「警視庁消防部空襲被害状況」では一〇機とあるが、警視庁
　警備係の翌日調査結果では約四〇機と、異なる数字となっている。

特異事項では、国民学校に掲げられている、天皇皇后の御真影は、奉還済で安泰であることが報告されている。「皇室を死守する」思想が学校教育の場にも深く根付いていたのである。

テストの夜間空襲

精密爆撃を固執するハンセン准将が、自信をもって決行した昼間の東京空襲は、ハンセ

ン准将にとっては不満足な結果であった。だが、一つの重要な収穫を得ていた。それは日本軍の防衛の弱点は、レーダーの監視体制の不備にあると見抜いたことであった。

「昼間がダメなら、夜間にやろう」

今までの、ハンセン准将が指揮した二回の昼間の東京空襲は、日本の防空の様子を探るテストでもあった。三回目は、希代の大虐殺と言われる三月一〇日の「東京大空襲」の実験台ともなったのである。

ハンセン准将の、夜間攻撃の決断は早かった。

すぐに出撃できる二九機を選定して、攻撃準備に入った。

その頃、日本では、大本営が「サイパンのイスレイ基地を攻撃して日本が大勝利」と発表し、ラジオでは、ゼロ戦機一二機が「特攻で赫々たる戦果を挙げた」と、死を賭けた特攻隊員を軍神と褒めちぎっていた。国民もまた、特攻隊員を英霊と崇拝し奉っていたのである。

ラジオ放送を聞いた国民の多くは「これだけ叩けば、敵さんも当分来ないだろう」と、久しぶりの勝利の美酒に酔い、静かな一夜を過ごす予定だった。だがその夢もはかなくも破られたのである。

「まさか！」

一一月二九日午後一一時〇〇分、八丈島のレーダーが数機の機影を捉えた。

日本のレーダーは時代遅れの粗悪品と侮った米軍機を、八丈島の監視哨が捉えたのである。

午後一一時二五分警戒警報、同四五分空襲警報が発令になり、都民のつかの間の夢が破られた。今にも泣きだしそうな厚い雲が東京全域を覆い、灯火管制で東京は、闇の中で静まり返っていた。

この日、都心にあるポンプ車は半分に減らされていた。今でも不足している消防隊を、軍事優先の国策という命令で強引に引き抜き、軍事施設や工場へ緊急配備をしたのである。

知ってか知らずか、消防隊の手薄になった帝都の都心部へ、米軍機は夜襲をかけたのである。

Ｂ29は二機から三機の小編成で、厚い雨雲に覆われた高度七千㍍以上の高さから、東京都心部へレーダー爆撃を繰り返した。迎え撃つ日本軍の迎撃機は視界不能で迎撃発進が出来ず、地上からの探照灯も厚い雲に阻まれ光が届かず、東京上空は敵機のＢ29は何の抵抗も受けず自由自在に飛び交い、東京防空の弱点がさらけ出されたのであった。

お江戸日本橋の日本橋消防署管内では一三個所が同時に延焼火災となり、減らされた手持ちのポンプ車一二台で奮闘するも力及ばず、本部へ応援隊を要請するも到着が遅れ、やっと応援に駆け付けた時には、手の着けようもなく、燃えるに任せる大火流となっていた。

神田消防署管内では、一挙に一二個所で火の手が上がった。身を隠す所がない高所の望楼勤務員は「火災発見、錦町三カ所、その他数カ所、火炎上昇中」と絶叫し続けた。応援隊を要請するも間に合わず火災は拡大、放任火災となり皇居の外堀が延焼防止帯になって、ようやく火勢を食い止めることが出来た。

何も見えない暗闇の空から、バラバラと無差別に落下してくる焼夷弾の雨。一呼吸する間もなく、第二波、第三波と、焼夷弾の雨が消防隊員の頭上に容赦なく降り注がれていた。地上で動くものは防火服の消防隊員だけで、真っ赤な炎にその奮闘する姿が都民の目にシルエットとなって映っていた。

「消防は負けた」

身を挺してＢ29の無差別攻撃に立ち向かい、戦場の最前線で苦闘した消防隊員達は無念の涙を流した。

空襲はこれで終わりではなかった。

日付が変わった三〇日の午前三時一五分に警戒警報が解除されたが、東京都心ではまだ火炎が残り、消防隊の消火活動は継続されていた。

敵機の去った東京上空からは、焼夷弾に変わってポツリポツリと雨粒が都民の頭上に落ちてきた。罹災した都民には無情の雨だが、消防隊には恵みの雨であった。

静けさが戻った東京の夜に「ほっと」安堵する都民達が防空壕から抜け出し、冷たくなった布団に身体を横にした時を見計ったように、三時五五分に又もサイレンが唸《う》り出した。

日本橋、神田の空襲火災が、ようやく延焼防止の目途がついてきた午前四時二〇分、新たに侵入してきたB29二〇機が東京都心に波状攻撃を開始した。息つく暇も与えず、次から次へと、爆弾と焼夷弾を投げ落とす容赦ない波状攻撃の前に、燃料のガソリンが尽き、フル回転したエンジンは焼けつき、ホースは焼け、休みない消防隊も力尽きた。

空襲火災は合流して拡大し、東京都心は朝の明け方まで赤々と燃え続け、都心を広範囲に焼き尽くして、六時頃に消えた。

敵機B29に、なすがままに首都東京上空を蹂躙《じゅうりん》され、何一つ反撃できなかった軍部は深いため息をつき、日米の国力の差を嘆いた。それは、防ぐ手立てもない猛攻を甘受しながら、地上で消火活動をする消防隊も同じ思いであった。

惨敗した帝都消防

都心の消防隊を軍需施設へ引き抜いたスキを突かれた空襲火災。

帝都消防は、早くも三回目の空襲で、苦杯を期したのである。

「帝都消防も当てにならないのか！」

敵機に全く反撃もできなかった不甲斐ない軍防空をそっちのけにして、一夜にして都心部で火災被害を拡大させたのは、帝都消防の失態であるといった声が軍部内部に上がり、消火活動の不手際を冷ややかな目で見る、地域住民や政府高官もいた。

初の夜間空襲で苦杯をなめ、しかも批判の矢面に立たされ、動揺を隠せない警視庁消防部は、被害状況調査結果も拙速で、いたるところでミスが目立ち、再調査を命じられる混乱ぶりであった。

本部で再調査をするに当たり、消防活動の検討会が行われた。

各方面から注目されていた、初の夜間空襲時の消防活動とあって、検討会は冒頭から殺気だっていた。

「第一線の現場は、すったるんでいる」

「腹が据わっていない」

「消防魂はどうした」

事務方の本部幹部は、声を荒らげ威嚇した。

階級社会にありがちな権威を笠に着た上級者が、悲惨な災害現場の実態も知らずに、無理難題を押し付ける場面が見られた。

消防隊は「水」と「機械」と「人」の三位一体が備わってこそ、初めて消防隊として戦力となるのである。消防士にとって兵隊の「銃」は「機械」すなわちポンプ車であり、「弾丸」は「水」であることすら十分に理解できない事務方の一部幹部もいた。

ポンプ車と隊員を「あっち」「こっち」と急に移動させても、移動先の地理不案内で現場到着までに時間を要し、しかも現場に最も近い防火水槽などの「水」の場所を熟知してなくては、兵隊で言う「弾丸」である「水」を探しあぐんで迷走をし、結局は消防戦力とならないのである。

異動で新任地へ移った消防隊が、戦力となって実力を遺憾なく発揮するには、新任地の地理水利を熟知するための時間が、不可欠な条件なのであり、軍隊の兵士と異なり「来れば即戦力」には消防はなじまないのである。

消防の実態を軽視した、軍需施設等への消防隊の強引な引き抜きは、補強という名の「数合わせ」でもあった。軍部の、数さえ揃《そろ》えばの「数の理論」を一方的に押し付けた結果が、初の夜間空襲で惨敗した原因の一つといえた。帝都防空のためにと、急きょ、地方からかき集められたポンプ車が、消防隊員の「人」が足らず、ほこりをかぶって整備もされずに車庫に眠っていたのである、これも、ちぐはぐな「数の理論」に惑わされた一つであった。

暮れも押し詰まった一二月二八日、検討会結果が、政府と各府県警察部長へ通知された。

「初期消火は失敗、消防隊の消防作業は不成功」

しぶしぶながら、警視庁消防部は、帝都消防の初の惨敗を認めた。

当時の世相からして、失敗を失敗と認めた事は自らの首を絞めるに等しく、その点では、当時としては正に英断と言えた。だがこの結果は、国民には公表はされてはいなかった。

「帝都防空の強化を急げ」

民防空が唯一の頼りとなれば、失敗にもめげず孤軍奮闘する帝都消防に期待せざるを得ない。

「消防隊員が少なければ、学生を使え」

B29の初の東京夜間空襲は、年少消防官に加え、新たに「学徒消防隊員」を誕生させるきっかけになり、なりふり構わぬ人手獲得に走ったのである。

「消防隊員が足りなければ、休まずやらせろ」

二四時間勤務を終えた、休みの非番員と、ポンプ車を運転する機関員は、三日間連続の宿直勤務でやっと一日休みと言う、苛酷な勤務を強いられることになった。

「焼夷弾は、つまみ出せ！」

そんな無茶なことは出来ないほど、B29の空爆の恐ろしさを肌で知った都民は「空襲には一

ホースを収納する学徒報国隊員

時避難」が定着し、初期消火は二の次となっていた。消防も、B29の無差別爆撃では、都民の初期消火の限界をはるかに超えている事を知ったのである。だが、民防空の責任を負う政府は、「今回の如き空襲は、当然に覚悟すべきところで、国民はますます忠勇義烈の精神を奮起し本土も戦場だと覚悟し、一致結束して防衛に期してほしい」と談話を発表した。

日本政府は国民に、死を恐れぬ、決死の初期消火を強要したのである。

特攻精神の初期消火は国民の義務であるとした政府談話は、その後の本格的なB29による空襲火災で、多くの犠牲者を出す結果にもつながっていったのである。

【警視庁消防部空襲火災状況】（一一月二九日）

警戒警報発令……午後一一時二五分

空襲警報発令……午後一一時四五分

空　　襲……自　午後一一時五五分―至　翌午前一時三五分

空襲警報解除……翌午前二時四五分。同警戒解除・同三時二五分

米　来　機　数……推定　一〇機

攻　撃　方　法……南方海上ヨリ高高度ニテ侵入シ三〇日午前〇時二五分頃ヨリ同二時

五五分迄ニ小編成ニテ商店街及工場地帯ニ対シ爆弾及油脂焼夷弾ヲ混合投下ス

投　下　弾……小型爆弾二四発　小型油脂焼夷弾一二四二発

気　　　象……天気曇　風位北　風力軟　湿度四二％

焼失区域……神田区小川町三丁目、錦町、鎌倉町、美土代町、司町、多町一丁目本庄区東駒形二、三丁目、吾妻橋二丁目、平川橋一丁目、横川橋一、二丁目、厩橋四丁目、城東区大島五・六・八丁目、北砂町五・七丁目、砂八丁目、江戸川区小松川四丁目、平井一・二・三丁目、逆井三丁目、葛飾区下小松町

焼失程度……九四七棟、三六八世帯、三五四六一坪

一一月中の東京空襲で、サイパン島イスレイ基地から発進したB29爆撃機は一三〇機。三五〇個の爆弾と三千余の焼夷弾を投下、死者二九七人、全焼家屋二八一七棟、被災者一万九千人に及んだ。

第七章　迫り来る大空襲

大打撃の軍需工場

昭和一九年一二月に入ると、空襲は更に激しくなった。深夜の都心空襲で度胆《どぎも》を抜かれた帝都消防に、休む暇を与えず、今度は真っ昼間に、都郊外の中島飛行機武蔵野工場へ三度目の攻撃を加えるためＢ29は、イスレイ基地を飛び立った。

Ｂ29の侵入コースは決まっていた。

Ｂ29は高度を上げ、日本のシンボル富士山を目がけて定期便の様にやって来る。それを迎撃する日本軍機は、乱気流にもまれながら一万㍍以上の上空で待ち受け、一瞬の出合い頭に一発勝負の、必殺の体当たりの攻撃しか、有効な撃退方法は見当たらなかった。

一二月三日午後一時五〇分、澄み切った大空に、キラキラと銀色に輝くＢ29へ、黒い豆粒のような点が、白い飛行機雲を引き、体当たりをするのを国民は固唾を呑んで見ていた。この日、飛来した約一五〇機のＢ29に、体当たりの攻撃で、六機を撃墜させ、さらに六機を破損させた。

Ｂ29は一〇機程度の編隊で侵入し、一時間以上にわたる波状攻撃で、約一七〇㌧の爆弾を投下。中島飛行機工場の被害だけでも、三棟約一千坪を焼損、避難壕の直撃で死者五〇人、負傷者五八人を出し、従業員の勤労意欲を低下させたのである。だが、米軍は狙いすまして、軍需工場へB29一五〇機の大攻撃をかけたにも拘らず、B29と乗務員の被害とを比べ、思い通りの戦果は上がってはいないと、失敗を認めていた。

一方、日本国では日本の航空機生産に大打撃を受け、しかも昼間に堂々と攻撃を仕掛けて来るB29の圧倒的な強さに歯ぎしりして悔しがった。もはや、死を賭けた必殺の体当りの攻撃であっても、日本本土の防衛は不可能と判断せざるを得なかった。

この日の被害は、武蔵野の外に、板橋、練馬、杉並、江戸川と、B29の飛行ルートが広範囲に及び、約三千坪を焼き、死者一八四人、負傷者二四〇人を出した。

信用されなかった空襲

一二月六日、突然、頭上から焼夷弾が落ちて来た。

東京の東に位置する江戸川区は、攻撃が済んだB29の帰り道レートになっていて、残った爆弾を捨てて去って行く事がしばしばあった。

江戸川消防署で事務引き継ぎをしていた内城九蔵は、当時の事をこう述べている。

「八日発令だから今から江戸川消防署へ行って署長の事務引き継ぎをして来いと言われ、六日の午後四時頃、署長室で事務引き継ぎをしている時、いきなり爆撃があった。望楼勤務員から都立高校に空襲火災ありと、的確な報告があった。直ちに出動したら民家が二軒燃えていた。空襲火災であることを防空本部へ報告すると、本部では本気にせず『そんなバカなことがあるか！』と逆に脅かされた。信用しないので何度も空襲火災であるというと、東部軍から参謀が、防空本部からは部員らが、急きょ駆け付け調査した結果、『空襲火災に間違いない』となった。

江戸川区はB29が残った爆弾を捨てて行く場所だと初めて知り、消防内では『江戸川は危なくて、行けない』と言われていた。

空襲なのに空襲でないと、ヒラをきる無責任な軍部に怒ったのは被災地の人々である。冬の日が落ち、空襲の心配もなくと安心していた午後六時四五分、突然の爆弾投下に見舞われ、死者三人、負傷者一一人の被害を受けた。しかもその後、警報も鳴らず、ラジオでも空襲の臨時ニュースも流れない事に、付近住民は寒空に震えながら口々に頼りない軍部への批判をした。警視庁は警備隊を派遣するなどして騒動になるのを収める一幕があった」

その日の警視庁消防部の空襲被害状況では、「警戒警報ナシ、空襲午後六時四五分、敵機B29一機、焼夷弾五個、江戸川区平井一、二丁目で三棟三五坪焼損、被害極めて僅少」と記述され処理されていた。人的被害については何も触れていない。

空襲で被害が出たのに、全く気付かぬ日本軍部、あきれる住民。

失笑を買った軍部は、「今度こそは」と、敵機襲来に異常な程の神経を使い始めた。「怪しい！」と思ったら、早め早めに警報のスイッチを押すことにしたのである。情報の伝達は、早ければ良いものではない、だが軍部は、誤報のミスを承知の、拙速を選択したのである。

敵機が「来ないと言って来た」と言うミスより、「来ると言って来ない」ミスの方が、現地の監視員の責任へと転換でき、本部の受忍する責任の方が軽くなると言った、自分さえ良ければの、責任の軽重を計りにかけた姑息《こそく》なやり方でしかなかった。

東京初空襲の時は、現地から上がって来た報告を信用しなかった本部が、二年半たった今度は、上がって来た「はてな報告」の真偽を確かめることなく信用すると言った変身した姿勢を示した事になる。だが、本部として情報収集から情報活用に至る一連の、情報処理管理を果たせる専門的能力を有する者は少なく、軍の情報処理は未熟の域を脱してはいなかった。

今次戦争は情報戦争とも言われ、戦後になって、日本が負けたのは情報戦に負けたのが要因と、多くの戦略家が言い切った。

早速、早めの警報発令が始まった。

信用されなかった空襲騒動から、日付が変わった七日午前一時三二分、警戒警報のサイレンが鳴り、その二分後に空襲警報発令へ切り替えたが、何事もなく、朝方の四時に解除され、都民は眠れぬ一夜を過ごさざるを得なかった。

やれやれと過ごしたその日の夕方、午後五時四五分に警報のサイレンが鳴った。「えっ」と思ったら空襲警報。待てど暮らせど、敵機の姿は見えず午後七一五分に解除された。

「今日は早寝だ」で床についたら、日付が変わった八日の真夜中午前二時五分警報でたき起こされ、一〇分後には防空壕へ逃げ込み空襲警報発令。二日連続の防空壕生活で、敵機は姿を見せずに朝方の三時四五分まで地下壕で一夜を過ごした。

寝不足の目をこすりながらの午前中の仕事を終え、昼食中の一二時〇分、又も警戒警報発令のサイレンが頭上で鳴り響いた。寝不足で頭痛に耐えながら頭上を見上げるが敵機は来ず、一四時三〇分に警戒解除となる。

「今晩こそ、ゆっくり寝かせて」と早寝を決め込んだが、またまた日付が変わった九日の午前三時九分に、目覚まし時計の様に警戒警報のサイレンが深夜の東京に鳴り響いた。眠い目をこすり起き上がった都民へ、何事もなく、五〇分後の三時五三分に警戒警報の解除の知らせ。何も起きないのに、三日連続の深夜のサイレンで起こされた辛抱強い都民も、さすがに疲れ果て、誰もが不機嫌になり無口になった。

寝不足で腫れぼったい顔で「おはよう」と挨拶をしたら、返事かわりに、朝の五時四四分にサイレンが鳴った。

眩《まぶ》しくお日様を見上げたが敵機は現れず、午前一〇時二〇分に解除。夜に入って午後八時〇分の今日三回目の警戒サイレンが鳴り、四五分後に解除と、嫌がらせのようなサイレンに、都民は行き場のない鬱憤を抱いた。

「もう、いい加減にしろ」

連日連夜の警報の空振りで寝不足となった善良な都民も、さすがにあきれ果て、サイレンを信用しなくなってきていた。

この時、米軍は、東京の防空の盲点を探り、東京への大空襲計画を練っていたのである。東京大空襲、その日が刻々と迫っていることを知る都民はほとんどいなかった。

テストされる東京防空

爆弾を抱えた米軍機が、東京防空の盲点を探りに、夜襲をかけて来た。

連日連夜の空振り警戒警報で疲れ切った都民の頭上に、今度は本物の敵機が姿を見せ、連日連夜、爆弾を投げ落とし始めたのである。それも、一機か二機で、東京上空を自由自在に行ったり来たりを繰る返し、東京の夜の様子を探りながら、新手な攻撃方策を模索するテスト爆撃を仕掛けてきたのである。

敵機の侵入に、無抵抗の東京の夜は、暗く静かであった。

——警視庁消防部の情況報告を、日を追って見てみる——

☆一二月一〇日

午後八時三五分、八王子上空を東北方面へ飛び去ったＢ29二機は、急にＵターンして再度東京上空へ侵入、城東区に焼夷弾を投下して、南砂町で、六棟二九三坪を焼失させ、さっさと海上へ飛び去った。

☆一二月一一日

午前三時九分、京浜地区から東京上空へ侵入したB29二機は、高高度で品川区の大井、大森の工場地帯を重点に焼夷弾を投下、工場など二〇棟七二九坪を焼失させ、房総方面へ飛び去った。

☆一二月一二日

昼間に警戒警報のサイレンが鳴ったが、敵機の侵入はなく、やれやれと思っていたところ、夜に入った途端、二回の空襲に見舞われた。

一回目は一九時三七分、前日と同じコースで京浜地区から侵入、豊島区内を高高度から無差別の焼夷弾投下をして房総方面へ飛び去った。

二回目は二二時二〇分、房総方面から高高度で北上、城東地区上空を旋回しながら焼夷弾を投下し、日本の迎撃や防空についての様子等を探るテストを繰り返した。

我がもの顔で飛び回るB29を見た軍部は驚き、空襲警報発令を出すタイミングを逸し、B29が去ってから警報を出すと言う失態をした。豊島区西巣鴨で三二棟六九〇坪が焼失した。

☆一二月一四日

房総半島より北上する不明機を発見、二時四七分に警戒警報を発令したが、不明機は海上を旋回しながら、海上へ焼夷弾らしきものを投下して姿を消した。

☆一二月一五日

前日の一四日と、まったく同じに、房総半島より北上する不明機を発見した。三時に空襲警報を発令、三〇分後に敵機Ｂ29一機が、爆撃の帰り道と言われた江戸川区へ直進して爆弾を投下、更に一機、二機と侵入しては爆弾を投下して平然と海上へ去っていった。

「今晩の空襲は、これで終わり」

東部軍司令部は、海上へ去っていく敵機を確認して、三時五八分に空襲警報を解除した。

「やれやれ」と、もう一眠りしようとしたら、突然ラジオが「不明機は敵機にして目下中部軍官区へ侵入せり」そして「敵機は関東地区へ向かい東進中、敵機は漏洩せる灯火を目標として投下せるものの如し」と放送されたのである。ラジオ放送がピタリと当たり、敵機一機はＵターンして小松川地区へ舞い戻り焼夷弾を投下して、工場二棟二五八坪の被害を与え、悠々と明るくなった東の海上に姿を消して行った。

敵機はＵターン攻撃を繰り返す戦術をテストしている事を、肝心要の司令部が、知ってか知らずか、見過ごした事は重大なミスであった。

☆一二月一八日

一六日、一七日の二日間だけ、都民はサイレンが鳴らない一時の静けさを味わうことが出来た。一八日には早速、昼と夜の二回、警報が出たが敵機の侵入はなかった。

☆一二月二〇日

昼間と夜の一〇時の二回、警報サイレンが鳴ったが、敵機の侵入はなかった。もはや都民は、警報サイレンは慣れっこになり、鳴らないと返って不気味さを増して、「寝付けぬ」と言った豪者も出ていた。

「今晩あたり、そろそろだな」が当たった。都民が寝静まった深夜〇時四〇分、警報のサイレンを合図にＢ29一機が世田谷区に侵入し、爆弾を投下、住宅三棟八五坪の被害を出した。

☆一二月二一日

昨夜は西の、山の手、今夜は東の、下町の江戸川区へＢ29数機がやって来た。二一時一三分小松川の住宅街に大型爆弾を投下、建物三〇棟が倒壊し死者八人、負傷者一七人を出す惨事であった。

☆一二月二二日、二三日

それぞれ両日共、二回の警報だけが鳴ったが、敵機の侵入はなかった。

☆一二月二四日

深夜の二時〇五分、警戒警報が鳴った。

鹿島灘から敵機一機が偵察で東京上空へ侵入し、武蔵野の中島飛行機工場を執ように精密写真を撮り続け、帰りは決まりのコースを通って江戸川と城東区に焼夷弾を投げ捨て、一六棟二七坪を焼いて去った。

この日、警戒警報は出されたが、空襲警報は出されなかった。一二月三〇日も警戒警報だけで空襲警報を出さない日もあり、頻繁になった敵機襲来の神経戦にも東部軍司令部は負けていたのである。

☆一二月二五日

前日と同じ深夜、二時二八分に警戒警報を発令したが、敵機の侵入はなかった。

再開した東京行き大空爆特急

一一月二四日のB29の東京初大空襲と、二九日の夜間空襲以来、およそ一か月の間、東京へは、偵察を兼ねた一機か二機の攻撃が続けられていた。

その間、米軍は軍需工場のある名古屋を攻撃していた。

一二月に入ると、名古屋市上空に偵察機がたびたび飛来し、「名古屋も危ない」と、日本軍は迎撃準備に入っていた。一三日午後二時、サイパンから発進したB29九〇機のうち、七三機が高高度で名古屋市上空へ侵入し、爆弾を投下、軍事工場に多数の爆弾が直撃し、死者は三〇〇人にのぼり、軍需施設にも大打撃を与えた。

更に、一八日には爆弾、二二日には焼夷弾だけの精密攻撃をかけ、徹底した軍需施設への集中攻撃で、司令官ハンセン准将は持論の、レーダーで目標の軍需施設だけを狙う方針を堅持したのである。

米国本土から督促されていた、市街地への焼夷弾攻撃の要求をきっぱりと拒否して、ハンセン准将は再度、攻撃目標と定めた中島飛行機工場へ、レーダー精密爆撃を敢行することにした。

名古屋空襲は、東京大空襲を視野に入れた試金石でもあったのである。

☆一二月二七日

「今度こそは」

司令官ハンセン准将の持論を東京で試すB29七九機が、冬晴れの真っ昼間に東京へ突き進んできた。

一一時五七分、「御前崎南方より敵機らしきもの北進中」の情報が入った。

一二時一〇分、「敵の第一編隊は目下、甲州南部を北進中にして京浜地区に侵入する公算大なり」の情報で、いつもの東京行きの飛行ルートと判断した軍司令部は、六分後に空襲警報を発令した。

――【帝都防空本部情報四四号】に上空の攻防が記述されている――

一二時三二分　帝都に侵入せる敵機は一〇機乃至七機の編隊なり
一二時四三分　立川上空に侵入せる敵七機は投弾を開始す
一二時四八分　第一編隊は帝都を通過し東進中、第二編隊は京浜地区に向かう
一二時五三分　敵八編隊は練馬上空にあり東方に進行中
一三時〇六分　南方海上より本土に接近中の三目標を認める
一三時二四分　立川西方に敵九機が侵入し東方へ進行中
一三時二七分　立川上空の戦闘で友軍機の体当たりで敵機一機撃墜の模様
一三時三六分　川崎埋め立て地付近に敵機一機撃墜し目下炎上中

澄み切った冬晴れの上空で、日米の死闘が繰り広げられていた。

真っ青な空に、幾筋もの高射砲の白い弾道、白い飛行機雲を引っ張って編隊飛行する銀

色に光るＢ29群へ、豆粒のような黒い点の日本機が編隊の中に突っ込み、煙の尾を引いて群れから離れ落ちて行くＢ29、火を噴きだしながらキリモミ状に落ちて行く日本機、多くの都民が見上げる澄み切った東京上空には、美しくも虚しく悲しい悲劇が展開されていた。

この日の被害は、中島飛行機工場に一三発の爆弾が落ち死者四人負傷者三二人、百坪の焼損。疎開で空の病院三棟六八四坪焼損。その外、板橋や練馬で二五棟一七五坪、死者五一人負傷者一〇五人と、ハンセン准将が期待した成果は得られなかった。

☆一二月二八日、二九日

両日共に、警戒警報を発令したが、敵機の侵入はなかった。

☆一二月三〇日

東京の下町浅草界隈は、サイレンは鳴るけど、空襲に遭うことはなく、正月を控えて、買い物客で賑わい、「浅草観音様が護って、くれている」と、家内安全と必勝祈願のお札が人気を呼んでいた。

戦時下で夜の浅草も、早々とのれんをしまい、浅草の灯は消えた。

寝静まった深夜の一時、警戒警報のサイレンが浅草寺境内に響きわたった。肝の据わった浅草っ子は警報には慣れっこで、「いつものこと」と、寝床でうたた寝、一時間後には警戒解除された。

「明日は大晦日、早く寝よう」とした時、この晩三回目の警戒警報が鳴った。空襲警報を出すヒマもなく、Ｂ29一機が隅田川を川沿いに南下、浅草や蔵前一帯に焼夷弾を投下、アッと言う間に問屋街と商店を総なめに、一四八棟、約四千坪を焼き払って、さっさと海上へ去っていった。年の暮れで繁盛するはずの問屋街は大打撃を受け、昭和二〇年の迎春寸前に息の根を止められたのである。

神も仏もない仕打ちをして去った一機のＢ29に、浅草っ子達はなす術《すべ》もなく、焼け跡で無念の涙を流していた。

☆一二月三一日
Ｂ29の空襲は、暮れも大晦日も関係がなく、大胆になっていた。

前日、痛めつけられた浅草と下谷、それに上野、神田の下町が、再びＢ29に狙われたのである。

あと数時間で新年を迎えると言う午後九時三五分、前日と同じに伊豆半島南東から敵機二機が上空を旋回し、侵入を狙っていた。

一〇分後、警戒警報が鳴った。

年越しの準備で忙しかった都民は一旦手を止め、警報の準備に取り掛かった。その時、突然、空襲警報が鳴らないうちに、頭上から焼夷弾が落ちて来た。それも約一七〇〇個の多量の焼夷弾がばら撒《ま》かれ、同時多発火災が発生、住民による初期消火は出来ず、出動した消防隊も翻弄され、なすがままの大火流が、下町一帯を火の海になった。

罹災家屋は八六六棟、焼け出された罹災者は約二千五百人、燃失面積は約六千七百坪にのぼり、着の身着のままで罹災した人々は、寒空に震え、身寄りのない人は路頭に迷い、多くは親戚などの縁故者宅へ疎開するはめになり、住民達は四散して住みなれた町を去っていた。

死傷者については、爆弾投下はなく、焼夷弾攻撃だけのために死者は一人、負傷者も六四人と、被害規模に比して少なく済んでいた。

昭和一九年最後の空襲は終わった。

Ｂ29は、一二月だけで一五回、一三六機が東京上空に侵入して、約七〇〇〇個の爆弾と四千個の焼夷弾を落とし、死者二五八人、全焼家屋約千百戸の被害を出した。

除夜の鐘の代わりに半鐘とサイレンで、都民は眠い目をこすりながら大晦日の暗い夜をいつまでも起きていた。

月明かりが、焼け残った家々を影絵のように寂しく飾り、空襲の残り火が篝火《かがり》となって東京の夜を焦がしていた。

昭和一九年は空襲で暮れ、昭和二〇年は空襲で迎える。

お年玉は焼夷弾だった

「ハッピー　ニューイヤー」

昭和二〇年の新年は、空の要塞B29からの挨拶で明ける。

大晦日の夜、下町を真っ赤にして、ゆうゆうと星空の彼方《かなた》へその巨体の姿が消え、やっと静けさを取り戻した東京の夜は、満天の星がキラキラと輝き、空襲で明け暮れた人々の心を癒してくれていた。

「いいなー、平和って」

空襲のなかった、ついひと昔の事を懐かしみ、しみじみと平凡な生活の素晴らしさを実感していた。

新しい希望の年が、すぐ目の前に来ていた。

ヤミでやっと手に入れたわずかばかりの食材を、器用に工夫をした質素な御節料理を囲み、家族全員が無事を喜び合う、新年の宴を誰もが願っていた。だが、そんな庶民のささやかな願いも、戦争は無慈悲にも奪ってしまう。

新年まで、あと一〇分。聞きなれた浅草寺の除夜の鐘が、聞き飽きた警戒警報のサイレンにとって代わっていた。灯火管制で月明かりだけの暗闇の中で、一点だけ、二時間前に空爆を受け、赤々と燃える火災を目印に、Ｂ29二機は轟音《ごうおん》を轟《とどろ》かせ、真直ぐに東京上空へ侵入してきた。

警戒警報が鳴って一〇分、昭和二〇年一月一日〇時〇分。二機のＢ29は「ハッピー　ニューイヤー」を合図に、お年玉の代わりに爆弾を都民の頭上へ投下し始めた。空襲が始まっているのに「空襲警報」は発令されなかった。もはや軍防空は首都防空を見捨てたのか、ついに東京が戦場になり、日本の戦局が敗色に染まったのを、多くの都民は実感した。

「ちきしょう！　ばかにしやがって」

Ｂ29の無線を傍受した日本軍部は、歯ぎしりして悔しがるだけで、何の反撃もできなかった。都民は悔しさを通り越して、あきれ果て、軍部を冷ややかな眼差《まなざ》しで見据えるだけであった。

いつもなら善男善女で賑わう浅草仁王門や仲見世と雷門の一帯が、一二〇発の焼夷弾で炎上、浅草寺を中心に隅田川を挟んだ東京の下町で、新年早々に。四一棟約七〇〇坪を焼失、死者五人、負傷者二九人を出した。

大晦日の空襲で消火作業中に、第二波の攻撃を受け、虚《きょ》をつかれた消防は混乱し、どうにか消火の目途がついたのは、元日の朝になってからであった。

たった二機で、いいようにあしらわれた帝都消防も疲労困憊《こんぱい》で、隊員達は足腰が立たず、その場に倒れ、横になる始末で、同時多発火災には帝都消防の限界を認めざるを得なかった。

B29が去って、〇時三〇分に早々と、警戒警報が解除された。

大晦日から続いた敵機侵入で、休む暇もなかった都民は「やれやれ」と、冷たい布団に伏した。だが、又もサイレン音で起こされた。四時五〇分、渋々ながら起きあがったが、まだ暗い朝、疲れた身体に頭から布団をかぶり、防空壕に避難する人は少なかった。

凍てつく元旦の朝、B29二機が、江戸川区と葛飾区に焼夷弾を投下して海上に去っていった。半焼五棟の軽微の被害であった。

敵機が去った東方の海上に、初日の出の、真っ赤に燃える太陽があがり始めていた。

「昭和二〇年は、何かが変わる」

初日の出に祈る人々は、激変を感じさせる時代の到来に、期待と不安に心が揺らいでいた。

天皇は新年を御文庫で迎えられた。だが、朝方まで警報の発令と解除の繰り返しで、その都度、御文庫の地下壕へ避難される慌ただしい新年となった。新年恒例の「四方拝」は警戒警報が解除されるまで待たれ、御文庫の前のにわか作りの御座で軍服の姿で行われた。

新年早々の東京空襲を身をもって実感した宮内省は、聖域である皇居も安泰ではないと気づき、早急に防空対策を進める決意をした。そして天皇は終戦の日まで御文庫での生活を続けられた。

レーダー爆撃から無差別攻撃へ

「虚礼廃止」で門松や〆縄が消え、「必勝祈願」の日の丸の旗だけが軒先に掲げられていた。街行く女性も正月を彩る日本髪姿はおらず、モンペ姿に色艶やかな羽織を着た若い女性の姿が、かろうじて日本の正月飾りになっていた。

「奇妙ですねー、何か変だ！」

年始の挨拶の後に、皆が口をそろえて言った。

正月の三が日、東京にサイレンが鳴らなかった。連日連夜サイレンで悩まされていた都民は、この静けさは、嵐の前の静けさではないかと、不気味に感じとっていた。東京が不気味な静けさにあった一月三日には、名古屋市が焼夷弾攻撃を受けていた。

この頃、米軍内に、日本本土空襲の戦略に微妙な変化が起きていた。だが、日本軍部もその変化に気付いていなかった。

レーダーによる精密攻撃で、軍需施設を爆弾で破壊する戦術を執り続けるサイパン島のハンセン准将に対し、市街地に焼夷弾を使って無差別攻撃をすべしと言う、米国政府の意見が多くあった。そして、ついに米政府は、思い通りの成果が上がらない、東京空襲の司令官の更迭を決意し、ハンセン准将は罷免に追いやられるのである。

司令官が代われば空襲の様子も変わる。東京都民の頭上に、焼夷弾が雨あられと降り注いで来る日がやって来るのである。
☆一月四日、
久しぶりの警戒警報が鳴ったが、敵機は姿を見せなかった。

☆一月五日

朝方に警戒警報が鳴るも敵機は姿を見せなかった。しかし、八丈島付近で敵機の動きが頻繁に目撃され、軍部は監視警戒を強化していた。

夜に入り、二〇時四五分に警戒警報が発令、空襲警報が出ない二一時〇分に、B29二機が城東区の工場地帯を焼夷弾へ投下、工場一九棟八七六坪が焼失した。

☆一月六日、七日

六日は早朝と夜の二回に警報のみ、七日は早朝警報がなり敵機一機が偵察飛行で侵入、司令官ハンセンは頑固に、中島飛行機工場に狙いを定めいた。

☆一月九日

「今度こそは」

更迭が決まった司令官ハンセンは、軍人としてのプライドから、最後まで初志を貫き、真っ昼間に、五度目となる最後の中島飛行機工場へ精密攻撃を敢行した。

司令官ハンセン准将が仕掛ける東京上空は、決まって気象条件が悪かった。この日も、神風が吹き、ジェット気流がB29七二機の編隊を乱し、待ち構えていたゼロ戦機の体当たり攻撃も受け、目標を攻撃できたのはわずか一七機のみで、B29六機を失い、軍需施設はほとんど被害はなく、工場の被害は軽微であった。ハンセン准将の最後の軍需施設攻撃は又も失敗に終わったのである。

だが、ジェット気流に巻き込まれたB29が投下した爆弾が杉並、練馬に落下し、五九人の死傷者を出した。この爆弾で九死に一生を得た学徒消防隊員となる村山久がいた。

東京初空襲を体験した早稲田大学電気工学科学生の村山久の実家は、新宿から中島飛行機工場の武蔵野に通ずる、青梅街道沿いの杉並区井草町にあった。畑に囲まれたのどかな田園地帯であった井草町も、戦争が始まると一変した。

田園地帯を北へ横切る街道筋は、B29の格好のガードラインにもなっていて、村山久の家の上を、ひっきりなしに飛び交い、時には流れ弾が落ちてきた。

「ここは、危ない」

身の危険を感じ、父と久の二人を井草の実家に残し、母と妹は縁故疎開で東京を離れていた。たまたま一月九日に母が疎開さきから帰り、三人で昼食を終えた時、空襲警報が鳴った。庭先に掘った防空壕で敵機が去るのをじっと待っていた。

突然「ヒュルル　ヒュー」と異様な高音が耳元に迫った。「ドン」と地震の様な激震と爆音が襲い、三人は一瞬、光と音を失った。壕内は砂ぼこりが舞い、シーンとした不気味な静寂が支配した。「大丈夫かー」の父のしわがれ声で我に返った。村山久は三〇㍍のわずかな差で助かった。村山久はこの時「生と死は紙一重」であることを実感し、人それぞれの運命の存在を知る。

三か月後、村山久は、もう一人の年少消防官の加瀬勇と、運命的な出会いと壮絶な生き地獄を体験する。

☆一月一〇日
〇時、四時、そして夜の二〇時と、三回の警報が鳴るも敵機の侵入はなかった。

☆一月一一日
深川区の東京湾沿岸の石川島造船所で火災が起き、消防艇も出動し消火中であったが、真っ暗闇に真っ赤な炎が遠くから見えた。その消火中の火災の火を目指して敵機一機が侵入し、焼夷弾を投下したがそのほとんどが海中に落下し損害は軽微であった。

☆一月一二日、一六日、一七日、一九日、二二日、二三日、二六日
警戒警報が鳴ったが、敵機の侵入はなかった。

真っ昼間の銀座が地獄と化した

日本本土空襲の最前線基地、サイパン島に新司令官が着任した。

警報は鳴るが、敵機の侵入はなく、東京は一〇日ほど静かになった。それは、嵐の前の静けさに過ぎなかったのである。

昭和二〇年一月二〇日、市街地空襲に異を唱えていたハンセン准将の後任のカーチス・ルメイ少将がサイパン基地に降り立った。

三九歳、正に男盛りで、強気で自信家の新司令官ルメイ少将の着任で、東京空襲の様相は一変することになった。その男こそ、ドイツのハンブルク大空襲の指揮官として、一列縦隊の飛行機で爆撃を行う「絨毯《じゅうたん》爆撃」と言う戦法を編み出した戦略家として名が知られていた。

新任のルメイ司令官は、東京初攻撃案を練っていた。

一月二七日、ルメイ司令官はそれを決行した、そして、銀座が無差別攻撃を受け地獄と化した。ルメイ司令官の東京初空襲であった。

二六日の深夜、御前崎周辺で北進中の敵機を東部軍司令部が確認。

一月二七日〇時二〇分、軍司令部は、早めの警戒警報を流した。

その日、東京はどんよりとした空模様で、底冷えのする土曜日であった。侵入したB29二機は、高高度で富士山を迂回して攻撃目標の中島飛行機工場へ向かったが、悪天候で攻撃を断念したのである。六回目の中島飛行機工場攻撃は失敗に終わった。

第一目標がダメなら第二目標へと、B29は攻撃を変えたのである。

一四時〇分、空襲警報が発令された。

第二次攻撃目標は東京の中心市街地、そこへB29六二機が、容赦ない無差別攻撃を繰り返し、花の銀座が地獄へと変わる。

銀座数寄屋橋交差点付近

有楽町駅は電車を止め、乗客は土嚢《どのう》を積み上げた待機壕と、ガード下へ避難した。土曜の午後、普段なら賑わう銀座通りはピタリと人影が途絶え、静まり返った。厚い雲の上では高射砲弾が炸裂《さくれつ》し、飛行機同士の空中戦が展開されていたが、地上の待機壕で身を伏せる人々には何も見えない。突然に高射砲の発射音が途切れ、警報解除のサイレンがなった。

人々は恐々と空を見上げたが、上空では飛行機の音が聞こえるだけで何も見えない。サイレン音は故障であったのである。

そんなこととは知らぬ人々は待機壕から外へ出た。その時、爆弾が頭上から落ちて来た。大音響と閃光が走った。もうもうと土煙が上り、あたりはうす暗くなった。身を伏せた人が目を凝らして周をり見ると、そこは、爆風でちぎられた死体が四方に飛び散った、地獄図そのものであった。

一発の爆弾で有楽町駅では、乗客らの死者八七人、負傷者三〇一人の大惨事となった。

白昼、都心一帯が、一時間一〇分にわたり爆弾の無差別爆撃を受けた。

三五二発の爆弾が、無防備の非戦闘員の頭上に容赦なく落とされ、都心が戦場とかしたのであった。

無差別爆撃の被害は、有楽町駅以外の広範囲にも及んだ。帝國ホテルの待機壕で5人、泰明国民学校で女子教員三人、日比谷山水楼で海軍大佐ら九人、地下鉄銀座駅で九人など、死者五四〇人、負傷者九一一人が無差別攻撃で犠牲になった。

被害は死傷者だけではなかった。銀座の外、全都に及び、爆弾で一〇〇〇戸が破壊され、焼夷弾で九六〇棟二万六千坪が燃えた。

B29が去り、高射砲の音が消えた一五時二〇分、警戒警報解除になっても身をすくめ、その場から動こうとしない人々が多くいた。恐怖で顔を引きつり震え怯《おび》える人々、悲惨な状況を目のあたりにした人々は、初めて、首都東京が戦場の真っただ中にある事を知ったのであった。

☆一月二八日、

ルメイ司令官は都民に一時の休養も与えなかった。

午前中に二度の警報、二一時四〇分に三度目の警報で一〇分後に敵機一機がやっと現れ、本郷区駒込一帯に焼夷弾を投下、三〇四棟約二五百坪を焼いて去って行った。

☆一月二九日

夜中の〇時四五分、敵機一機侵入で警報が発令、二〇分後に葛飾区青戸に焼夷弾を投下、工場一棟六三坪焼損。

この頃は、警戒警報のみで空襲警報の発令は少なくなっていた。

☆二月二日

一九時五五分、警戒警報が鳴った。二〇分後に敵機一機が侵入し、向島に爆弾三発を投下、五四棟を破壊し死傷者六六人をだした。

頭上から機銃掃射が始まった

二月二日以降ピタリと敵機の襲来が止まった。

連日の空襲でうんざりしていた都民だが、不気味な静けさが、逆に不吉な予感を抱き、新たな空爆の不安から、眠れぬ夜を過ごしていた。

都民の不安は的中した。

米軍は、日本本土決戦をきめていた。その手始めに、日本本土と米軍のサイパン基地との中間点にある日本の最前線基地の硫黄島を奪い、米軍の陸上基地にする事であった。

今や日本には、硫黄島を護る力はなく、掩護もない孤島には、兵士一万二千人が死を覚悟の守備に当たっていた。二月一六日、米軍の機動部隊が、東京からはるか二〇〇キロの海上に、その巨群を現した。硫黄島への日本軍増援を阻止するため、関東地区の航空基地を叩き、日本の航空戦力を弱体化するのが目的であった。

東京の上空に、空母から発進した新たな敵、戦闘機が機銃の銃口を都民を的にして襲いかかってきた。

☆二月一六日

銀色の超大型爆撃機Ｂ29に代わって、黒い小型戦闘機が、闇に紛れて、海上すれすれに東京をめざしていた。

雲が低くたれこめた暗い朝の七時五分、千葉県白浜の監視哨から「敵小型機編隊、北進中」の緊急報が入った。日本の電波探知機の性能では、海面すれすれの飛行物体を捕捉できず、目視でしか発見できなかった。急襲を受けた日本軍が応戦するが、次から次と攻撃を繰り返す米軍戦闘機に、日本は貴重な航空機を消耗して行った。

朝七時九分から夕暮れの午後四時まで、東京上空を中心にグラマン戦闘機延べ一四〇〇機が、立川、羽田、厚木、館山などの航空基地へ七波に及ぶ機銃攻撃を加えた。

日本軍は本土決戦に備え、航空機を温存する必要から、米軍機動部隊の艦載機との空中戦を避ける作戦をとった。「戦闘機と戦うな！」と言うことであった。

日本上空は星のマークのついた米軍戦闘機に、なすがままに蹂躙《じゅうりん》され、都民は機銃の標的にされ、虫けらのように撃ち殺される運命になった。

米機動部隊は日本近海に、どっしりと腰を据え、一向に動こうとしなかった。

☆二月一七日

この日、国民は艦載機の急降下攻撃の怖さを思い知る。

前日と同様に早朝、空母から発進した艦載機が東京へ向かっていた。

七時三分、「敵機小型機一八機の編隊が房総半島を北進中、なお、後続編隊あり」の情報が東部軍から流れ、七時三三分関東地区に空襲警報が発令された。

その後、一編隊京浜東方に、二〇機鹿島灘に、敵機の一部は京浜南方へ、敵の主力編隊房総南部に侵入と、数一〇機編隊の艦載機が、続々と東京に狙いを定めて接近してきていた。

東京上空は七時三〇分から一三時三〇分の五時間、星のマークの黒い艦載機が飛び回り、飛行場、軍需施設等を目がけて、投弾と機銃掃射を繰り返す波状攻撃を続けた。

軍需施設では、上空から急降下しては舞い上がりを繰り返し、逃げ惑う工員達の群れに容赦ない機銃掃射を浴びせ、多くの犠牲者をだした。そして、鮮血散る悲惨な戦禍を残して、敵機は勝ち誇ったように悠然と去っていった。

死者一九六人、負傷者二七一人、工場や民家三二〇棟、約七万坪を全壊と焼失した。

「君たちの指導者はウソつきだ」

爆弾代わりに都民の頭上へ、ビラがヒラヒラと舞い降りてきていた。

一七日はこれで終わりではなかった。

昼間一日、東京上空は米戦闘機が舞い、狭く寒い防空壕に押し込められていた都民が外に出て、背伸びをし、質素な代用食を口にし、寝床で横になった二三時三〇分、B29一機が寝入りばなを襲った。城東区と深川の木場へ爆弾と焼夷弾を無差別に投下、工場など一一棟、二千坪を焼失、死者八九人を出す惨事が起きていた。

ルメイ准将は、自身の得意とする戦法の無差別攻撃の成果を知って、次の東京大空襲を練りだす。その実行する日が、刻々と迫って来ていた。

米機動部隊が、日本近海から離れた。

今や日本の最前線基地となっている硫黄島へ米機動部隊は向かった。到着するや、米機動部隊が艦砲射撃をし、一九日には、海兵隊が上陸を開始したのである。

本土決戦のために温存している攻撃用の戦闘機を使えない日本軍は、死を賭けた特攻隊を含む散発的な攻撃しかできなかった。だが、体当たり攻撃に音をあげる米軍は、特攻を阻止するために再び機動部隊を日本近海へ戻して、関東地区の特攻基地に攻撃をかけ、特攻機にダメージを与えるために、東京へ攻撃を仕掛けたのである。もう一つの理由は、硫黄島上陸を成功させるために、日本機を日本本土へ引き止めておくためでもあった。

☆二月一九日
一四時三五分警戒警報、一四時四一分空襲警報が発令、艦載機でなくB29が一三一機の大編隊が東京上空へ侵入、一〇機程の小編隊に分散して、高高度から一時間にわたり、爆弾と焼夷弾を混投した。

被爆区域は、王子、深川、京橋、赤坂、葛飾、江戸川で、死者一六三人、傷者二二三人、四一九棟約二万坪の大被害であった。
☆二月二〇日、二一日、二二日

警戒警報は鳴ったが、東京に敵機の姿は見えなかった。

「昨夜は雪で、良かったネ」

怯えながらの三日間であったが、都民は、警戒警報のサイレンが鳴っても、敵機が姿を見せず、爆弾が落ちてこないありがたみを、妙に感じるようにもなっていた。しかし、そのささやかな喜びも夢で終わった。

吹雪舞う東京が、真っ赤に染まる

日本列島は寒波に覆われていた。

空襲と寒さと物不足で明け暮れた都民は、暗い表情でどんよりと曇った鉛色の空を見上げ、ため息をつく毎日であった。

二二日には、東京で四〇年ぶりの大雪が降り、道路には山積になった残雪がうずたかく積まれていた。
☆二月二四日
「米機動部隊が硫黄島を離れ、東京へ向かっている」と、日本海軍の監視艇からの情報が入った。

一八時五一分警報がなり、敵機一機が浅草区蔵前へ焼夷弾を投下し、三五棟約千坪を燃やした。更に二一時一五分に敵機一機が下谷区御徒町へ爆弾を投下、六棟約百坪を燃やして去っていった。

「オー寒い、今日も雪だぞ」

二五日の朝、眠い目をこすり、年少消防官の加瀬勇は、城東消防署の窓から今にも降りそうな曇り空を見上げていた。二日間の泊込み勤務が解かれ、やっと一日だけ激務から解放されと思っていた矢先の、二月二五日七時三五分に警戒警報のサイレンが鳴った。

「又、お客さんのお出ましか――?」

加瀬は朝飯抜きで慌ただしく出動準備に走った。運転手がアクセルペダルを強く踏み込み、加瀬が車前でクランク棒を力一杯回してやっとエンジンが唸《うな》り出した。粗悪なオイルとガソリンで、しかもポンコツ車並みのポンプ車は、消防隊員にとっては悩みの種であった。

「来るぞ！」

日本軍部の迎撃作戦は、侵入したB29だけをターゲットに絞り、必殺の特攻で対抗して、艦載機との空中戦は避ける方針としたのであった。

日本軍部の予想通り、空母から発進した艦載機延べ六〇〇機が関東地方へ向かい、朝七時頃から日本の航空基地を攻撃して、B29の大攻撃のつゆ払い役を終え、午前一〇時三〇分頃には海上へと去っていった。

この日、ルメイ司令官が初めての大規模焼夷弾攻撃を試すのであった。サイパン基地を飛び出したB29は一七二機、曇り雲を突いて日本へ真一文字に向かっていた。

朝からの曇天は、吹雪に変わっていた。

視界はゼロ、迎撃すべく満を持していた日本機は降雪で飛び出すことは出来ず、反撃は高射砲のみで、厚い雲の上はB29で埋まっていた。

午後一時、第一波の攻撃は神田一帯。爆弾と焼夷弾が、吹雪に混ざって真黒な束で落下、一挙に地響きと火炎、二〇〇カ所以上から火の手が上がり、もはやバケツリレーや棒切れに布をつけた「火叩き」では太刀打ちできるものではない。住民は着の身着のままで吹雪の中を、幼子を抱き、足を滑らし、逃げ惑った。

降雪と低く垂れ下がった雲の重みで、濃煙は上に揚がらず町中に漂い、視界はゼロ。消防の火の見櫓からは火元は分からなかった。

第二波の猛爆が追い打ちをかけた。

日本橋、麹町、四谷、浅草、深川、城東、向島など、都心から下町へと、ルメイ准将の得意な「絨毯爆撃」が試されたのである。

これで終わりではなかった。

更に第三波、第四波と、B29爆撃機は、邪魔な日本機のいない東京上空の雪雲の上から、爆弾と焼夷弾を無差別に落とした。消防隊員三人が殉職し、長時間の放水でポンプの故障が相次ぎ一二〇台が使用不能となり、都内各地からポンプ車一五〇台が応援に駆け付けたが、地理不案内に加え、降雪と寒冷でスリップ、横転事故やエンストなどで、満足な活躍はできずに終わった。

東京の雪景色は真っ赤に炎上する姿とかし、なすがままになった放任火災は、午後の八時過ぎになってやっと下火になり、総計九七八ヵ所の火災で約二万戸が灰になった。

ルメイ准将は自らの戦略の勝算を見届け、焼夷弾で一都市を廃墟《はいきょ》にすることが出来ると確信した。一方、帝都消防は同時多発の火災攻撃に無力であることを知った。完敗である。だが、米軍の圧倒的な物量に、物言わせる空爆に対し、余りにも貧弱な消防力では、消防魂で立ち向かうしか有効な消防戦法は見当たらなかった。

勝算なき防空戦に、帝都消防も挑んで行く。その結末は無情の一言に尽きた。

精密空爆の最後のテスト

硫黄島上陸作戦と吹雪の東京を炎上させた米軍機動部隊は、何食わぬ顔で東京近海から離れて行った。

米軍機動部隊が去っても、またすぐに新たな難敵が誕生した。それは、日本本土の目の先にある硫黄島に、米軍の航空基地ができ、観測機が使い始め、三月に入ると黒い戦闘機が舞い、本格的な日本本土への戦闘機による機銃掃射が実施される日が待っていた。

☆二月二六日

一旦やんだ雪がまた降り始めた午前〇時四〇分に警報が鳴り、一〇分後にはB29一機が通り魔のごとく、荒川区と足立区の千住に、爆弾と焼夷弾を投げ捨てると一目散に暗い海上へ姿を消した。通り過ぎた後の純白な雪上には、真っ赤な鮮血が散り、地面には大きな穴と、木っ端みじんに飛び散った家の残骸が、延々と続いた。この夜、死者二二人、負傷者四〇人、六七棟が破壊された。

☆二月二七日

二六日から警戒警報が続き、〇時二七分に解除されたが、朝の八時に又も警報が鳴る。雪と空襲と警報で都民は皆くたくたに疲れ果て、警報が鳴っても眠い目を開けようとしなかった。

三月に入っても、東京は小雪が舞う厳寒な日々が続いた。だが、幸いな事に、三日までサイレンが鳴らない日が続き、つかの間の静かな時を過ごすことができた。

三月四日、小雨模様の天気が、いつの間にか、みぞれに変わった。

七時二五分、警報が鳴った。ルメイ准将が高高度精密爆撃の最後のテストをするために、B29約百数十機が大挙して、小雪舞う東京上空へ向かって来た。目標は武蔵野の中島飛行機工場、八回目の爆撃であった。

八時三五分、空襲警報に変わった。都民は、防空頭巾を防寒用にかぶり、重ね着で寒さをしのぎ、氷柱《つらら》が下がる防空壕で、寒さと言うもう一つの敵と戦わなければならなかった。

睡眠時間を奪われ、慢性的な栄養不足と疲労、それに記録的な厳寒に見舞われ、昭和二〇年の冬は病人が激増した。空襲激化は極端な医療体制不備を招き、体力のない幼児や老人が犠牲になり、工場労働者は過労で倒れ、病気は即、死につながった。消防官も病で床に臥す者が増え、少ない人員で休みない勤務を強いられ、その補充に「学徒消防隊員」の配属が二日後に迫っていた。

東京上空の気象悪化で、B29は急きょ、攻撃目標を市街地への無差別攻撃に切り替えた。B29は七編隊に分かれ、雲上から中島飛行機工場の爆撃に準備していた爆弾と焼夷弾で、無差別に絨毯爆撃を続けた。

豊島区、北区、足立区、江戸川区、台東区、城東区、杉並区、武蔵野市などで、約三千棟、約四万八千坪を焼失。約百人の死傷者を出した。

翌三月五日も早朝から警報がなった。九時五〇分、B29九機が城東、目黒，蒲田方面へ焼夷弾攻撃を一時間ほど続け、九棟二一七坪の損害を与え海上へ去った。

テスト攻撃を終え、ルメイ准将は決断した。

「夜間、低空からの無差別焼夷弾攻撃こそが、日本を降伏させる早道」

日本防空の弱点を突く、ルメイ准将の戦術を実行する事を決意した。

同志討ちを避け、焼夷弾を多く積むために、機銃と弾薬を下し、搭載重量一機八トン全てを焼夷弾にした。侵入コースも富士山経由を東京湾から低空突入とした。サイパン基地には新戦法を敢行するB29約四〇〇機が発進命令を待っていた。

「我等が、帝都防空を担う」

早稲田大学の学生が亀戸駅に降り立った。

運命の三月九日、二回目の消防署勤務で、学徒消防隊員達はB29の新戦法の洗礼を受け、そこで灼熱《しやくねつ》地獄を見る事になる。

第八章　東京炎上・三月一〇日東京大空襲

二人の別れと再会

昭和二〇年三月九日、東京の朝は灰色で暗かった。

空襲被害を受けた城東区の町は、いまだに燻《くすぶ》り臭い臭気が鼻をつき、凍りついた残雪に灰塵《じん》が黒く覆い、煤《すす》けた雪の塊が日陰に積まれていた。

亀戸駅から降りて来た国民服の人々は、背を丸め、みな無口で、足早に硝煙漂う灰色の町の中に吸い込まれて行った。

そんな雑踏の中に、城東消防署の消防手の加瀬勇がいた。

加瀬には、三日ぶりに昼間だけの時間休暇が与えられた、だが、せっかくの休みでも自由になったと言った開放感はなかった。警報のサイレンが鳴れば即時、署へ駆け付け、火事場へ出動しなければならない行動制限が足かせになっていた。そんな独り身の加瀬が、つかの間のひと時を過ごす格好な場所は、署の近くの映画館であった。警報が鳴れば映画は中断され、寝ていても起こしてくれる、加瀬にとって都合のいい一時待機場所でもあった。

夕方、ひと休みができ、一時待機場所の映画館を出ると、肌を刺す北風が砂塵を巻き上げ、電線が風で唸《うな》っていた。

「やばいぞ、今夜は……」

明日三月一〇日は陸軍記念日、「米軍がハワイ奇襲攻撃の仕返しをする」という噂《うわさ》がたっていた。

寒風舞う夕暮れの町には人影が絶え、人々は早々と家の中にこもり、来る朝を待った。

夕暮れ迫る亀戸駅に、早稲田大学の学生達が降り立った。

不足した消防隊員を補充する学生服の「学徒消防隊員」たちで、鞄《かばん》や風呂敷を大事そうに抱えていた。鞄の中身は醤油で煮込んだ大豆など苦労して工面した夜食用の食料と、分厚い参考書が入っていた。

この日で二回目の勤務で、「じゃ、また明日、元気で会おう」と言い合い、指定された署所へとグループごとに別れて行った。

この別れが、学友と永遠の別れとなることを、皆は知らない。

空襲火災に備え、ポンプ車は消防署所以外にも分散して配備されていた。加瀬消防手の非番日には、汽車会社の車庫にポンプ車二台が配備された分遣所で、明け方まで警戒することになっていた。汽車会社分遣所での食事は、会社の食堂で社員並みのサービスを受けられ、時には内緒でお替わりもしてくれて、独り身の加瀬には願ってもない分遣所であった。

「六人の者、勤務を命じられました」

学帽にゲートル巻きの学生が、寒風で頬を真っ赤にして慣れない敬礼をした。その中の一人に村山久がいた。

「何でも、命令をして下さい」

皆は闘志満々の面持ちで、大声で言い切った。だが、分遣所には学生が身に着ける防火服やヘルメットすらなく、しかもポンプ車も地方から半ば強制的に供出させたポンコツ車同様の代物であった。

「火事場に素手で行かせるのか、しかも訓練もしてない素人を危険な火事場に行かせる気か！」

加瀬は、国策とは言え、余りにも場当たり的な計画に、「絶対に無理はするな………」としか返す言葉はなかった。

「早めに、腹ごしらえを済ませておこう」

加瀬は学生達を食堂へ案内して一緒にドンブリ飯を頬張った。

外は風が舞い、嵐となっていた。揺れる薄暗い電灯の下で、学生達は黙々と箸を口に運んでいた。これが、学徒消防隊員の最後の晩餐《ばんさん》になる事も、そして、初対面の加瀬と村山の二人の、別れと感動の再会がある事も、二人は知る由もない。

東京の暗い夜が、真っ赤になった

司令官ルメイは、東京を焼き尽くす空爆作戦の決行を決断した。

その空爆作戦は、前任者のハンセン准将が固守した、軍需施設を昼間に高高度から爆弾で精密攻撃をする戦術を一転させるもので、夜間に低空で焼夷弾を無差別に絨毯爆撃するというものであった。

Ｂ29の搭乗員達は、司令官ルメイの作戦の大変更に戸惑いを見せたが、司令官ルメイの決意は固く、揺るぎないものであった。

三月一〇日を決行の日と決め、東京空襲へとＢ29三三四機が、慌ただしく攻撃準備に入った。

三月九日午後五時三四分、夕闇が迫るサイパン島から、積めるだけ積んの焼夷弾約二〇〇〇トンを抱え、その重さに喘《あえ》ぐような轟音を吐き出すB29の巨体が、続々と舞い上がって行った。

互いの衝突を避けるためのB29の航空灯だけが、真っ暗闇の中で点々と東京方面へ向かって、延々と続いていた。そこには、迎撃する日本機の姿も高射砲の砲弾もなく、搭乗員達はエンジン音に身を委ね、その時をジッと待った。


東京が近くなり、強風でB29の巨体が激しく揺れた。その時、レーダーに黒い大地が映った。B29の眼下は真っ暗な帝都東京。

午後一〇時三〇分、敵機発見で警戒警報が発令された。都民は暗黒の中で息を凝らして、身を沈めていた。

「防空法」で、都民はいかなる空襲でも逃げ出す事は禁じられ、バケツと火叩きでB29と戦う事が義務とされていた。

卒業のために疎開から親元に帰ったばかりの児童、明朝、疎開するためにお土産を枕元に飾った親子、うぶ声を上げたばかりの母子、様々な人間模様を織りなす善良な都民の頭上に、容赦ない攻撃が今、始まろうとしていた。

爆弾を投下するB 29

「旋回しつつありし敵機は帝都に侵入せるも被害なく、房総方面より洋上はるかに、遁走《とんそう》せり」

今や都民が頼りとする唯一の情報源のラジオから流れた。

海上すれすれに侵入した敵機はアルミ箔をまき散らした。日本の電波探知機を妨害するためであった。ついで一機が第一弾を投下、闇夜が炎で明るくなった。ラジオでも敵機侵入が放送され日本軍部は気付かぬはずがない。都民の頭上に焼夷弾が落とされ、夜空に赤々と炎が上がっているのに空襲警報のサイレンは鳴らなかった。

第一弾の真っ赤に炎上した地点を目印に、巨大な翼を広げたB29が獲物を狙うように次から次へと襲って来た。

日付が変わった三月一〇日〇時一五分、空襲警報が発令された。この時、東京の夜空は真っ赤に染まっていた。

「何だ、この音は—」

加瀬勇は外へ飛びだした。風が真っ暗な町中を、ビュービューと唸りながら吹き抜けて行く。「敵機は遁走」とラジオが言ったが、暗闇の中から風の音に混ざって、腹の底にまで響く轟音が迫って来た。

「ザザァ———」

トタン板に小砂利を流したような音がし、瞬間に目を射る閃光《せんこう》が走った。

ヒュルヒュルヒュルの音の後に「ドスン」と大音響と地響きで、加瀬は身を屈めた。振り向くと闇夜《やみ》に真っ赤な炎が噴き出していた。

「空襲だ！　敵機だ！」加瀬は叫んだ。

電柱すれすれに飛ぶ、初めてまじかで見た巨大な怪物に、加瀬は足がすくんだ。敵機は次から次に低空で、無差別に焼夷弾を投げ捨て、機首をそり上げながらまた低空爆撃をしていく。敵機が通った後には一本の炎の道が出来ていた。

「行くぞ——。」

一台のポンプ車はエンジンがからず、二台目のポンプ車に加瀬は飛び乗った。振り向くと学生帽の二人が後部ステップに乗っていた。

防火用に水を堰《せき》き止めた堀で停車した。すでに先着したポンプ車がホースを延ばしていた。烈風で荒れ狂う火は、火炎放射器のように地を這《は》い、唸り声を上げてすべての物を焼きはらっていった。

「消防さん助けて！」と子を背負う母親、「乗せてくれ！」と座り込む老夫婦、「お母さん――」と親を見失った幼い兄妹、逃げ惑う人々を護るために消防手加瀬は炎に向かって放水を続けた。

「やられた――。他の隊もダメだ！」

炎の合間から隊員が転げ出て来た。隊員の防火服は焦げ、火がついていた。

その時、一陣の熱風が唸り声を上げ、逃げ惑う避難者の頭上を越えて行った。それは一瞬のことであった。強烈な熱気と息苦しさで息が詰まり、加瀬はその場に伏せた。

熱風が治まり、そっと痛めた目をこすり、加瀬は薄目を開けて見た。今まで動いていた人々が横たわていた。あの母子も、幼い兄妹も、みんな倒れ息絶えていた。

「ここはダメだ、転戦だ！」

加瀬は焦げだしたホースを捨て、後退した。だが、すでに炎は後退できる道を塞いでいた。逃げ場を探し右往左往する人達は泣き叫んだ。

「熱いよ――」「助けて――」「この子だけでも――」

ポンプ車は無情にも助けを乞う人々の脇を通りぬけて去った。

「俺は、助けを求める人々を見捨てた」

加瀬は咄嗟に顔を伏せた。この事が加瀬勇を一生悩ませ続けることになる。

「俺と離れるな――」

ポンプ車を離れる事は死につながると加瀬は判断した。二人の学生を死なせてはならぬ。加瀬が二人に言い残すには、この言葉が精一杯であった。

焼夷弾が目の前で跳ね上がり炸裂した。咄嗟にハンドルを切り、ブレーキがかかり、燃え残った家へ突っ込んで止まった。だが、幸いに、エンジンは止まらずにあった。何とかバックしてその場を脱出、境川の交差点までたどり着き、橋の上から見たら四方が火に囲まれ、ポンプ車の退路が断たれた。ふと、気がつけば二人の学生の姿はなかった。

「もはや、これまで――」

水はたっぷりある、堺川から吸水して避難者の頭上へ放水を始めた。だが、荒れ狂う炎は、橋の下からも水面をすべるように伸びてきていた。

火に追われ、冷たい川に飛び込んだ人は凍死か溺死、火に炙《あぶ》られる人は焼死かの悲運が待っていた。目の前の人がバタバタと倒れて行く、何をすることも、やるべきこともできなかった加瀬は無力だった。ただ、加瀬には水が涸《か》れ、最後の一人になるまで、頭上へ放水を続けことが、やるべき使命感として残っていた。しかし、エンジンがブスブスと喘《あえ》ぐようになっていた。ポンプのメタルが焼け、燃料のガソリンも底をついていた。加瀬の使命感も終える時が来ていた。

加瀬の防火服が焦げだし、真っ赤に火脹《ひぶく》れした顔は鬼面の形相に変わり、大声で人の名を呼んでも声は出ない。加瀬は崩れるように倒れ、意識を失った。エンジンが止まった。ついに消防も力尽きた。あたり一面は火の海になり人の声は絶えた。

当時一九才の佐藤栄子さんは、この時の事を忘れられないと、辛《つら》い思いとして語ってくれた。

「ここにいたら死んじゃうよ、と母に手を引っ張られ猛火の中を逃げた。熱くて、苦しくて、通りかかった橋から水のある川へ飛び込もうと思ったら、母がダメ！死んじゃうよ、と言って止められた。私もうダメと、うずくまった私の頬を母は手でぶった。もう少しよ、もうちょっとよ、と言い続けながら、火の中を逃げ回った。後で見たら焼死体の山、川は死体で埋まっていた。母は強かった、私の恩人です……」

佐藤栄子さんは現在、千葉県匝瑳市で遺族会婦人部長として現役で頑張っている。

戦後五〇年目を迎え、早稲田大学理工学部電気工学科の学生達による「学徒消防隊記録」が、その年に出版された。

加瀬勇と一緒のポンプ車で出動し、生死を共にした、学徒消防隊の村山久氏が記述した体験記を紹介する。

☆全員が死んで自分一人が助かった――(杉並区井草二丁目　村山久)

「汽車会社の分遣所へは、殉職した黒田君と外に二～三人派遣された。猛烈な火勢で、ポンプ車一台での消防活動では手に負えず、消防車で逃げる事になった。吹雪のような火の粉の中を走っていたが私の手が焼け始めた。私は原田君と二人で車の最後部の横棒を握っていたが、学生には消防着のような物は何一つなかった。車が走っている最中に原田君がよじ登った消防車の中央部に入り込んだが、私は運動神経が鈍く、それに手が焼けたのでよじ登れず、車がスピードを落とした時に手を放して落ちた。それからは火の気の少ない方へと無我夢中で走って逃げた。

気づいたら原っぱの中に一軒家が残っていて、数人の市民が避難していた。喉がカラカラに渇き風呂の水を飲んで渇きを癒《いや》しそこで朝までいた。

翌日、死体がゴロゴロする中を、神田まで歩き、そこで市電に乗って杉並井草の自宅まで帰った。火傷を負い、焼け焦げた格好の私を見てびっくりした近所の農家の人が、リヤカーで杉並の阿佐ヶ谷の病院まで運んでくれた。

学友が見舞いに来てくれた時に、初めて原田君が行方不明であると仲間の事を聞かされた。原田君のお父さんが病院や自宅に何回も訪ねてきては、『息子を知らないか、教えてくれ』と、泣きながら尋ね、帰って行く後ろ姿をはっきりと覚えている。

五月一〇日の早大理工学部葬の時、消防署長からあの時のポンプ車では全員が殉職だったと聞かされた。私は原田君とは、あの日に若干おしゃべりした程度の仲であったが、この様な別れになるとは………。お父さんか何回か尋ねて来たが、力になれず残念なことであった。」

「学徒消防隊記録」の最後の「おわりに」のページで、記録誌完成後の平成一〇年三月に永眠した、編集幹事役であった剣持栄一氏は、次の言葉を残している。

（概要のみ記述・著者）

「二回目勤務の三月九日夜半からの大空襲で、出勤学生の大半近くが火傷負傷した。翌一一日朝、「未《いま》だ帰宅せざる者あり」の報に接し、一二日、行方不明は七名に絞られ、直ちに捜索隊を編成し、余燼《よじん》未だ冷めやまぬ焦土に立った。一望すべて焼け野原、真黒に焼けた人体が足元に、死屍《しし》累々、水死体は川に溢《あふ》れ、防空壕に重なり、この世がさながらの地獄図であった。城東消防署は全焼して連絡は途絶、病院には廊下にまで負傷者が溢れ、悲惨な火傷で人定困難な多数の人々、捜索はこの日から一〇日余り続いた。

川に舟を浮かべ伏せている死体を一つ一つ仰向けに、防空壕の死体を掘り起こし、限なく捜索することは困難であった。遺体発見を諦め死亡の証拠調べに徹した。学帽の校章、学生服の金ボタンを探し求めた。だが、何もなかった。学友七人が帰らぬ人となった。我々の打電で驚き上京した遺族は、一面の生々しい悲状を見て目を覆った。

息子は無事に帰ってくるはずだと言って、死亡確認申請書の捺印を拒む遺族もいた。この仲間の殉職に、文部省も、学校も、どう報いる訳にもいかず、今は国家的栄誉しかなかった。

業火の中で殉死学生と行動を共にした人達のまとまった記録は無く、歴史に埋没していく。栄誉も無く痛ましい死をした若い人々がいた事だけは知って貰《もら》いたい、知って貰う事が不幸な学友に対する一つの供養であると思うのである。」

今次空襲、最大ノ苦闘ナリ

ワラ半紙にガリ判刷り書類、今のデジタル時代には見られない、七〇年も前の手書きの印刷物である。

茶褐色に色ずんだ、ボロボロの極秘文書「警視庁消防部空襲火災状況」には、「今次空襲下ニオケル最大苦闘ヲナシタル」と、三月一〇日の東京大空襲の苦渋に満ちた文字で結んである。

そして、消防車の焼失九六台、手引きポンプ一五〇台、水管一〇〇〇本、隊員の焼死八五名、警防団の死傷者は五〇〇名を超えると、惨憺《さんたん》たる帝都消防隊の活動記録が書き止められている。

【警視庁消防部空襲火災状況】（三月一〇日）

警戒警報……三月九日　午後一〇時三〇分
空　襲……三月一〇日午前〇時九分
空襲警報……　同日　〇時一五分
同解除……　同日　二時三七分

警戒警報解除…　同日　三時二〇分
来襲敵機………B29　一五〇機
攻撃方法………警戒警報発令ト共ニB29数機帝都ニ侵入セルモ房総方面ニ脱出セルヤニ見ラレタル処突如帝都東方ヨリ侵入セル一機見ルマニ城東方面ニ焼夷弾ヲ投下以後一機乃至数機ヲ以テ低空ヨリ波状的絨毯爆撃ヲ敢行セリ
投下弾………爆弾一〇〇キロ六個、油脂焼夷弾四五キロ八五四五個、二・八キロ級一八〇三〇五個、エレクトロン一・七級七四〇個
気　象………天候晴　風位北　風速烈風　湿度五〇%
焼失区域………下谷、浅草、深川、本所、城東、各区ノ大部
足立、神田、麹町、日本橋、本郷、港、荒川、各区ノ半分。
牛込、向島、小石川、京橋、麻布、赤坂、葛飾、滝野川、豊島、世田谷、渋谷、板橋、江戸川、各区ノ一部
焼失程度………一八二〇六六坪、三七二一〇八世帯、四〇〇〇五〇坪
火災発生及延焼状況……単機又ハ数機ニ分散シ低空ヨリ約二時間半ニ亘、波状絨攻撃ヲ続行セル為メ前記区域内ニ多数火災折柄一三米ノ烈風ニ煽ラレテ合流火災トナリ帝都ノ約四割ヲ炭塵ニ帰シ死傷者甚大一大修羅場ヲ現出セリ都民ノ死者

七二〇〇〇名、負傷者二一〇〇〇〇名

以下省略（注・著者）

下町は火の町になった

「最初の空爆は、三月九日であった」と、証言する消防隊員は多い。

当時の深川消防署長は「三月九日夜一一時五〇分頃、深川区の白河町、三好町、木場にかけて、出火と同時に一〇数カ所が火の帯になったので、深川消防署のポンプ車の三分の二を出動させた」と証言している。「敵機は遁走したとの情報で、安心しきったとたんに、突然の低空からの奇襲で、まさかと、空襲に気付くのが遅れ、大混乱を期し、本部が空襲火災であると確認できたのは零時を回っていた。その時すでに深川、城東は二波、三波の波状攻撃を受けていた」と、当時の事を生生しく語る。

出動したポンプ車は現場に行く前に焼夷弾の集中攻撃を受け、アッと言う間に猛火に囲まれ、二台は焼夷弾の直撃を受け隊員もろとも火ダルマになった。更に容赦ない絨毯爆撃で逃げ口を塞がれ、退路を断たれた多くの都民と一緒に消防隊員もポンプ車と運命を共にして果てた。

「熱い！」「助けて！」と、火に囲まれた深川消防署へ避難者が続々と詰めかけて来た。火を消したくてもポンプ車は出払った後で一台もない。

火の塊が窓ガラスを破って飛び込む、窓が強風で押し開けられ火の粉が吹き込む、署に逃げ込んだ多くの避難者と一緒に、火の玉が転がり込む車庫を固く締め切った。戸の外で「助けてー！」の絶叫――が。

夜が明けると、コンクリートの庁舎は傷ついた避難者で溢れていた。

そこへ、ヤケドを負い、足を引きずり、傷だらけの戦い負けた隊員達が一人、二人と帰ってきた、殉職した仲間も運ばれて来る。その度に、車庫内は男泣きの絶え間ない慟哭《どうこく》が続いた。

外では、道端に焼死体が転がり、ドブの溝に死体が埋まり、見渡す限りの荒涼とした焼け野原が続いていた。

深川区内の深川と洲崎の消防署では四六人の殉職者を出した。

「防御奮闘中ノ各隊ハ四面ニ火流ヲ浴ビ脱出セントスルモ遂ニオヨバズ、猿江公園ニ脱出シタルハ僅カ三隊ノミノ悲惨ヲ惹起スルニ至レタル」

最初の空爆地、深川消防署の報告書は、無念の惨敗を書き残していた。

我、最後の望楼勤務を終える

惨憺たる状況は、本所、城東消防署も同じであった。

本所消防署の空襲の第一波は錦糸町駅一帯で、幅広い炎の帯が長く続いていた。すでに七隊が出動しているがこれでも足りずに「三〇隊の応援頼む」の現場の声が、ひっきりなしに本部へ送られた。応援なしの隊は猛火に追われるように右に左に、転戦また転戦と、逃げ惑う人達に「早く逃げろ！」と叫びつつ、火中を撤退して行った。第二波の焼夷弾攻撃には向島、小梅へポンプ車二台。第三波の緑町、堅川、菊川の火災には三台。第四波の石原、亀沢には手持ち部隊全部を投入。ついに本所消防署にはポンプ車がなくなった。B29は「これでもか！」と、情け容赦なく、残った焼夷弾を無差別に投げ捨て、二台のポンプ車が直撃を受け隊員一〇人が火ダルマになり殉職、火災は放任され燃えるに任せざるを得なくなった。「火のないのは、墨田公園だけ」で、本所は火の海とかした。

「スデニ部隊無ク、放任ノヤムナキニ至ル、終始応援隊無ク敢闘セシメルモ力及バズ、隊員一〇名ノ殉死ト共ニポンプ車七台を焼失セシメル悲惨事ヲ惹起セリ」

本所消防署の報告書も又、「無念」の一言で貫かれていた。

城東消防署の望楼からでも八カ所の大火流が確認され、すべてのポンプ車が出払っていた。

大火流が音を立てて消防署へ迫って来た。「全員避難」の指示で重要書類など手あたり次第集め残留者全員が退避した。

「我、最後の望楼勤務を終える」

火に包まれた消防署で最後まで望楼を死守した一人は、電話コードが焼き切れ、通信不能の受話器に向かって勤務終了報告を済ませた。

何一つ身を守るものがない裸の望楼の上で、空爆に晒《さら》され、火にあぶられ、焼けだした望楼をすべり落ちた消防隊員は、両手と顔面にヤケドを負い、足を骨折して倒れた。その隊員の頭上を火が通り抜けた。吹き付ける熱で望楼の鉄柱がアメのように曲がった。

天皇は見ていた

B29の爆撃は、一〇日午前三時三七分の空襲警報解除の前で終わった。

火は、明け方まで鬼火のように燃え続け、怒りにも似た赤玉の太陽が硝煙の中から顔を出した。
大本営が一〇日正午に発表した。
「本日三月一〇日零時過ヨリ二時四〇分ノ間B29約百三〇機主力ヲ以テ帝都ニ襲来市街地ヲ盲爆セリ
盲爆ニヨリ都内各所ニ火災ヲ生ジタルモ宮内省主馬寮ハ二時三五分其ノ他ハ八時頃迄ニ鎮火セリ」

宮内省主馬寮の火災には、満を持していた警視庁消防部の特別消防隊らが、懸命な消火活動の初陣を飾ったと思われるが、その詳細な活動記録は見当たらなかった。

皇居内の主馬寮火災は、空襲警報解除の前に消し止めたと初陣を誇示しているかにみえるが、八時頃まで鎮火できずにいた東京下町一帯の放任火災と対比しての発表は、何を意味しているのか。多くの庶民が家を失い多くの焼死者を出し、完敗した同じ消防仲間が殉職したこの事実と比して、都民は、消防官は、そして宮内省など国の高官らは、どう受け止めたのか、その思いを知ることは出来ない。

「畏れ多くも、侵すべからず」の聖域の皇居内に爆弾が落とされた。

皇居だけは神のご加護で安泰であると言った、神がかり的な思想が国民の中にもあった。だが政府は、昭和一〇年頃、皇居に鋼鉄の扉を取り付けた「防空室」を造った。しかし完成してみたら大型爆弾には耐えられない事が分かり、極秘裏に新規の防空壕構想の検討に着手、昭和一七年の東京初空襲で危機感を募らせた宮内省は、急きょ、吹上御所の近くに防空壕を造る事にした、後の「お文庫」と命名され防空壕が完成したのである。

昭和一九年一一月二四日の空襲以来、天皇、皇后両殿下は「お文庫」と称する地下壕を生活の場にしていた。

昭和二〇年三月一〇日の東京大空襲の朝、火事場の燻《くすぶ》る臭いがする地下壕で長い一夜を過ごした天皇は、お付きの者に「東京の焼け

御所正面

跡を見たい」と告げた。

天皇の自らの足で焼け跡を視察する意向が固く、宮内省関係者らは隠密に事前に巡路を見て回った。そこで関係者の目に入ったのは地獄絵図そのものであった。極秘裏に計画が進められ、公式発表はしないで、人目に目立たなくするために警護もごく少人数とし、三月一八日の日曜日の午前中と決められた。天皇の一行はのろのろとした速度で焦土の街を回った。突如、目の前を通り過ぎる菊の紋章を付けたピカピカの車をみた庶民は目を見張り、天皇と気付くのは行列が過ぎてからで、慌てて頭を下げた。天皇の目に入ったのは荒涼とした焼け野原と、ボロをまといやせ細った庶民の姿であった。そこには関係者が事前に見ていた死体の山が続く地獄絵図はなく、天皇の一行が進む道路の瓦礫《がれき》はとり除かれていた。

天皇は車外に出て深く息を吸った。瓦礫で埋まる焦土をじっと見つめていた。天皇は終始無言でいた。そこには、自分には見えない、感じ取れない、何かを模索する、孤独な一人の人間の姿があった。

死者は何人だったのか

「広島に投下された原子爆弾の悲劇を除けばまさに空前のものといえるだろう」と、三月一〇日の東京大空襲の被害状況を、東京大空襲・戦災誌が記載している。

警視庁の発表では、死者八万三七九三名、傷者四万九一八名、罹災者百万八百五名、焼失家屋二六万七一七一戸、半焼家屋九七一戸などとなっているが、消防部や帝都防空本部の記録でもいずれも異なり、それぞれの資料も一つの記録としか見られないと、東京大空襲・戦災誌は記述してある。

死者にあっても、行方不明者、無数の運河を経て東京湾へまで流れた死者、今なお地下に眠る白骨化した遺体等を勘案すると、三月一〇日の一晩で、東京都全都で推定一〇万人の死者が出たと言える。

学徒消防隊員の殉職者も、記録では学生の七名とあるが、「望楼で学生が撃たれた」「防空壕で生き埋めになった」と言った話を耳にし、学生七名の死の記録も決して正確とは言いがたい。

三月一〇日の修羅場となった東京大空襲では、これが大混乱の状況であった証左でもある。

多くの消防隊員の殉職者を出した理由として、「警視庁消防部空襲災害状況概要」の中で次の記述がみられる。

「ポンプ車ヲ掩護セント………ポンプ車ト共ニ運命ヲ共ニセリ」

「管鎗ヲ握リタル儘殉死セルモノ多数アリ」

「本部ノ消失ヲ最後迄護リ………庁舎ト共ニ殉職」

と、過剰なまでの器具愛護と義勇精紳が消防隊員をいたずらに死に追いやったと言えなくもない。

消防隊員に「大和魂」を植え付ける「消防訓律」に「消防器具ハ愛護保全ニ務メ………」「勇猛果敢任務ヲ果シ死スルトモ………」と、自分の命に代えて庁舎やポンプ車とホース等を最後まで死守すべき事を叩き込んでいた。純真な若き消防官は「消防訓律」の義勇精紳を過度に尊重し過ぎて若き命を失った。

一方、戦地の父や夫を待ち侘《わ》び、いつか帰って来る日を信じ、わが家を猛火から死守する女性たち。消火を捨て避難をするのは「非国民」と罵られ、それを潔しとしないで猛火に挑んだ人々。結局は、逃げずに必至に戦った貞女と言われた女性達と、防空の盾にされた学徒消防隊員達。その人達こそ悲惨な結末に追いやられた。

弾薬が切れた

三月一〇日の東京大空襲以降、米軍の攻撃目標は地方都市に変えていた。三月一二日、B29三一三機の大群が名古屋市に向かった。

東京へ落としたより多い焼夷弾で、絨毯《じゅうたん》爆撃を繰り返し、死者五〇〇名、全焼二万六千戸の被害を与えた。

三月一三日、名古屋の次は大阪へと、市内に二七四機が絨毯爆撃を繰り返し、死者約一千九百名、全焼一万五千戸、五〇万人の大阪市民が罹災した。

三月一七日、B29三〇〇機が神戸市を空爆、死者約二六〇名、神戸市の西半分を焦土にした。

三月一八日、B29二九〇機が名古屋市へ再度攻撃に向かい、広範囲に絨毯爆撃を繰り返し、死者八二六名の惨事となった。

「爆弾を使い果たした」

マリアナ米軍基地の弾薬庫は底を尽き、一八日夜から一九日朝にかけての名古屋空襲を最後に、三月中の大都市への無差別絨毯爆撃は出来なくなっていた。東京を含め四都市の夜間空爆で、今までの三か月半の空爆で投下した三倍の約一万トンの弾薬を使い果たし、ルメイ准将は、都市を一夜にして火の海に変えたのであった。

Ｂ29の無差別空爆に都民は初めてその怖さを知った。

都民は、江戸時代の火消しのバケツリレーと火叩きの道具では、近代兵器の焼夷弾とでは到底太刀打ちできないバカさ加減に気付き、「逃げるが勝ち」を優先した。

一方の軍部は、本土決戦に備えて、軍防空の戦略を変えた。

敵機への日本機による迎撃態勢を止め、敵機侵入時には、戦闘機を隠したり、いち早く上空へ逃げの「退避」を優先に変更したのである。

ここに日本軍は、侵入した敵機を撃退する防空義務を放棄し、都民を見捨てる事になったのである。今や首都防空は、帝都消防の外になくなった。

だが、その頼りとする帝都消防も、三月一〇日の東京大空襲では徹底的に打ちのめされ「現有消防力ヲ以テシテハ尚相当甚大ナル被害ヲ避ケ難キ実情ニ在ル」と、惨状の再来を危惧していた。

そんな満身創痍の帝都消防へ、ルメイ准将は四月攻撃を仕掛けるのである。

戦局は、沖縄と硫黄島で急変していた。

三月一七日、硫黄島からの音信が途絶えた。東京と目と鼻の先にある硫黄島にはＰ51戦闘機が集結し始め、Ｂ29大型爆弾機に代わり小型の戦闘機が機銃攻撃を仕掛けて来るようになった。

一方米軍は、空爆で実績を上げている司令官ルメイ准将に、沖縄本土上陸の支援を命じていた。沖縄上陸前に、日本の抵抗を弱めるため、九州方面の特攻基地を壊滅する事にあった。これが、都市空爆が一時休止した理由の一つでもあった。

四月一日、沖縄本島へ米軍が上陸を開始した。

小磯内閣はその責任をとり、予告なしの総辞職をする。日本国は出口のない終焉《しゅうえん》へと転がっていった。

三月一〇日以降、東京は警報サイレンは鳴るが、約一か月間は、弾薬庫に残っている弾薬をかき集め、ときおり単機で空爆を続けた。

◇三月一四日……Ｂ29一機、新島へ爆撃、死者七名。

◇三月一八日……Ｂ29一機、浅草蔵前で爆弾投下、死傷者七名。

◇三月三〇日……Ｂ29一機、深川へ爆弾投下、死傷者二二名。

◇三月三一日……B29一機、四谷、牛込へ爆弾投下、死傷者六六名。
◇四月　一日……B29一機、淀橋、豊島へ爆弾投下、死傷者五三名。

焦土と化した東京の下町

戦闘機がやってきた

マリアナ基地に日本空爆用の焼夷弾が届いた。

夜間の空襲成功の実績から、米国司令部は日本の航空機・エンジン製造工場への夜間攻撃を提案した。早速に、ルメイ司令官は待ち構えた様に、東京への夜間空襲を再開したのである。

四月二日、二時〇分警戒警報のサイレンがなった。B29一一五機が大挙して東京へ向かって来た。第一目標は中島飛行機工場、初の夜間爆撃であった。時限爆弾も混ぜたばら撒《ま》き攻撃で武蔵野、杉並、練馬で二二五戸全半壊、二六七名の死傷者を出した。

四月四日、一時一二分、B29一六〇機が静岡、神奈川、群馬、東京へと分散してやって来た。東京は二日と同じに、飛行機工場の夜間爆撃の続きを、主に爆弾投下が多く、各地で死傷者が多くでた。立川市では、今でも言い伝えられている「山中峠の悲劇」がおきた。B29がばら撒いた流れ弾が、防空壕を直撃し、子供ら四一名が全員即死した。練馬では一〇〇発以上の爆弾が落ち六〇名以上の死傷者が出た。品川区役所で四六名等、死傷者約一二〇〇名を出し、二千四百戸を全半壊した。

二日と四日の工場を攻撃目標とした夜間の爆弾攻撃は、米軍にとっては都市無差別爆撃と違い、思い通りとはならず、以後このテストは中止となる。

占領された硫黄島から、陸上戦闘機が東京上空へやって来た。

四月七日、夜明けを待って米軍戦闘機P51「ムスタング」が、東京上空へ初めてその姿を現した。

「約一〇機ニシテ間モナク伊豆方面ニ侵入スル距離ニアリ」

「ムスタング」の後方には爆弾を積んだB29一〇一機の編隊が続き、中島飛行機工場へ向かった。

九時五〇分、戦闘機に掩護されたB29は五千㍍の高度から中島飛行機工場へ精密爆弾攻撃を開始した。日本軍にとっては「高度が低い、反撃のチャンス」であったが、戦闘機の護衛付きに気付かず、迎撃に向かった日本機は次々と撃墜され、約三〇機を失い、空中戦は日本の完敗に終わった。

中島飛行機工場は猛攻を受け炎上、死傷者五九名、一〇七戸全半壊の被害が出た。

この日の午後には、名古屋の軍需工場が、東京と同じように戦闘機の護衛付きで、B29の猛攻を受け大損害を出している。

又、この日七日は、沖縄戦の支援に向かった、掩護機もない裸の戦艦「大和」が遠い屋久島沖で、米機の猛攻を受け轟沈した。ここで日本海軍の水上部隊は壊滅した。

この日から、日本の陸も海も空も、米軍の手に落ちてしまった。

「これで、いける」

米軍は日本攻略に自信を持った。

四月一二日九時二〇分、「ムスタング」戦闘機九三機の鉄壁な掩護を受け、B29爆撃機一〇七機が中島飛行機工場へ猛攻した。日本陸軍機が延べ一八五機で迎撃したが敵機一機も落とせず、逆に一七機を失い、死傷者一二八名、一七八戸全半壊の被害を受けた。

「目標は事実上壊滅した」

米軍は中島飛行機武蔵野工場の空爆勝利宣告をした。

消防も都民を見捨てたか

「一三日の金曜日」、嫌な予感を抱いていた。

昨晩から今朝、そして昼間と、東京は不気味な警戒警報のサイレンが鳴り響いていた。

予感は的中した。一三日午後一〇時四四分、今日三回目の警戒警報のサイレンが鳴った。だが、その時、既に伊豆半島と房総沖の二手からB29一六〇機が低空で東京上空へ侵入を図っていた。

午後一〇時五〇分頃、都心部の飯田橋、大手町付近に焼夷弾が落下され火の手が上がった。火の手は、下町の荒川、足立方面にも上がった。空襲火災発生の報で空襲警報のサイレンが鳴ったのは午後一一時〇分、都内各地で紅蓮《ぐれん》の炎が上り、ほとんど無抵抗の東京上空は敵機で埋まっていた。

三月一〇日の東京大空襲の反省から、帝都消防は焼失した消防署のポンプ車を重要施設防護で移動させていた、このために犠牲になったのは一般都民で、民家は焼け放題にされる結果にもなった。消防にも見捨てられた都民は「自分の命は自分で守る」と、「消火より、避難」を選んだ。

空爆は翌朝にかけ三時間半にわたり行われ、死者二四五九名、負傷者四七四六名、被害家屋二〇万余戸、の被害を出した。この夜、三月一〇日より多くの焼夷弾を投下されたが死傷者は二〇分の一であった。都民が「逃げるが勝ち」を選んだ結果でもあった。

「今度は城南地域が危ない」

警視庁消防部は、B29の攻撃作戦を読んでいた。

警報の発令前から事前に消防職員を参集させ、重要施設と避難道路を死守するための部隊を増強していた。それは、小区画区域を死守することを意味し、「一部の放任火災は止む無し」と言う、崖淵に立たされた絶体絶命の消防が、自らの身を切る、やむにやまれぬ苦渋の選択であった。

四月一五日、早朝から警戒警報発令と解除が頻繁に出されていた。夜に入り「敵機大編隊が南方海上より飛行中」の報により二二時三〇分空襲警報が発令された。B29三〇三機が大森、蒲田の工場地帯を襲い、さらに、多摩川を越えた神奈川県の川崎、横浜の京浜工業地帯へと波状攻撃を一六日の一時まで約三時間の焼夷弾攻撃を続け、死者八四一名、負傷者一六二〇名、被害家屋六万八千戸の被害を出した。「警視庁消防部空襲災害状況」では、「民防空ハ全ク戦意喪失シ見ルベキモノナク向島、江戸川、日本橋ノ各区ヲ除キ合流火災トナリ広範囲ニ亘ル焼失セシメタル」と、都民が「逃げる」に徹して事を記述してある。

管内が火の海とかしたが、逃げる都民を助けるために、避難道路へ並べたポンプ車から一斉に、都民の頭上へ放水を続け、多くの避難者を炎から護り、消防の面目躍如を果たした。

ルメイ准将は未だ満足をしてはいなかった。

ルメイは東京焦土作戦を予定していたが、一方の沖縄戦では、日本の特攻で米軍の損害も多く、苦戦を強いられていた事から、米国最高作戦本部から東京空襲より先に、九州方面の日本基地攻撃を命じられていた。

ルメイの本格的な東京焦土作戦は、激戦地の沖縄戦によって一時延期となり、その間、散発的な東京空襲で終始した。
◇四月一八日　正午にB29一機が府中で爆弾一二発投下。
◇四月一九日　一〇時一〇分、B29三機、戦闘機二〇機が低空で東京湾の軍用船や倉庫群を機銃掃射。三田、世田谷、杉並、府中、立川で工場、電車、飛行場等へ無差別の機銃掃射を加え、死傷者四七名を出した。都民の多くが白昼二〇分間の恐怖を味わったのである。
◇四月二四日　八時三〇分、B29約一二〇機が、三〇機程度の編隊を組んで北多摩地区の軍需工場を集中的に波状攻撃を加え、分散してあった飛行機等約三〇機を破壊、死傷者五一三名、被害家屋二三五戸、軍事工場に大打撃を与えた。
◇四月二五日、二八日、二九日にB29一機が立川へ爆弾投下。三〇日はB29数一〇機が立川飛行場を爆弾攻撃し、死傷者三〇名。

五月に入って、一日はB29一機が八丈島と三宅島に機銃と爆弾投下。七日は足立と王子に、一二日は足立にB29一機が、一九日にはB29約三〇機が都心の麻布へ焼夷弾を投下、強風で火面拡大し、四〇〇戸、約八六〇〇坪の被害をだした。

五月八日、日本の同盟国ドイツが降伏した。

米軍の敵は日本国のみとなり、日本の敗戦は誰の目にも疑う余地はなかった。だが日本は本土決戦を頑なに進めていた。

一時中断していた東京大空襲が目の前に迫ってきていた。

第九章　皇居炎上・東京に燃えるものがなくなった

東京焦土作戦が始まった

ルメイ准将がサイパン基地へ戻って来た。

「君しかいない」

米国の最高司令部から絶対的信頼を得ているルメイは、東京空襲を一旦中止し、激戦地の沖縄戦で、九州方面の日本軍基地を破壊する、特別任務を命じられていたのである。

沖縄戦の支援の任務を終えたルメイ准将は、日本本土への焦土作戦を再開する。

全ての「超空の要塞Ｂ29」約三〇〇〇機を携え、更に硫黄島基地の陸上戦闘機と、海上の航空母艦からの艦載機が加わり、日本本土を我が物顔で飛び交い、恐怖の機銃と投爆を加えることになる日本本土焦土作戦が決行された。

日本の空と海は、星のマークの飛行機と艦船で埋まった。

最初に焦土目標にされたのは名古屋であった。

五月一四日午前七時、Ｂ29四七二機の大編隊が名古屋市北部を空爆、五〇〇〇トンの焼夷弾攻撃で名古屋城も焼失させ、八平方キロを焼き尽くし二万戸を全焼させた。

名古屋空襲は、これだけで終わりではなかった。前回が早朝なら今度は夜中と、五月一七日真夜中の二時、四五七機が名古屋市南部の工業地帯を空爆、この二回の空爆で名古屋を焼き尽くし、名古屋が爆撃目標リストから外された最初の都市となった。

名古屋の次は東京だった。

「皇居だけは残しておけ！」

航空写真で選ばれた空爆目標は、四月一五日の空爆で焼け残った品川、蒲田、渋谷等の城南地域とされ、写真の真ん中の緑に囲まれた所に、丸印で示した空爆除外区域があった。そこは日本の聖域、皇居であった。

三月一〇日の東京大空襲の時の、一・三倍に当たる五五八機が東京へ向かった。これはB29の作戦中で最大の出撃数であった。

四月頃から何度かの偵察攻撃で、無抵抗の日本軍防空を実感した米軍は、今や「日本の迎撃はなし」と判断。米軍は大編隊のB29に戦闘機の掩護なしで、しかも低空で飛来して来たのである。

五月二四日午前一時三六分、空襲警報発令と同時にB29が単機で分散して、「日本の夜間防空は貧弱」と、高をくって東京の上空へ侵入してきた。

「今度こそ——は」

ここぞとばかりに日本軍は、基地以外の場所で隠し持っていた戦闘機で、果敢な迎撃に転じた。不意を衝《つ》かれた米軍は、この日、Ｂ29一七機を失い、外に六九機が被弾され、今までの米軍の空襲作戦中で二番目の損害をしたと米軍は記録している。

だが、三時間半の攻撃を受け「消防署員、警防団員等相当ノ損失並ニ犠牲者ヲ出スニ至レリ……」と、警視庁消防部空襲災害状況では、Ｂ29の猛攻に帝都消防が苦戦を強いられた事を記述して残している。

戦災地域は広範囲に及び、荏原（一万五千戸）、品川（約一万戸）、大森（約一万戸）、目黒（約九千戸）、渋谷（約九千戸）、芝（三千戸）以下、麻布、芝、四谷、蒲田、京橋、杉並、麹町、赤坂、本郷、浅草、世田谷、淀橋、中野、豊島、板橋、城東、江戸川、町田、田無などに広がった。

死者七六二名、負傷者四一三〇名、被害家屋約六万四千戸、罹災者約二三万名。被害は甚大であったが、重要施設への予備放水や、波状攻撃に備えて予備部隊を待機させ、一般家屋の火災を放任するという通常では邪道とも思える消防戦術を駆逐し、投下弾量が格段に増えた空爆に対して、一三日の被害の約四分の一に止めたのは、消防活動としては成功と言えた。とは言え、死傷者約一万名以上を出した民防空にとっては、代償は余りにも大きい。

皇居炎上

「東京を焼き払う」

司令官ルメイは手を緩めなかった。

二五日、朝の八時、警戒警報のサイレンで一日が始まった。この時、東京上空にはまだ残火の白煙が、朝もやの様に、あっちこっちで上っていた。

多くの隊員が傷つき倒れ、ポンプ車やホースが焼け、正に、刀折れ矢尽きた帝都消防に、態勢を建て直す時間も許さず、又もＢ29の大群が、焼け残った東京の町に夜襲を仕掛けてきたのである。

夜襲の前に戦闘機が昼間にやって来た。

お昼時の一一時四七分、今日二回目の警戒警報のサイレンが鳴った。

前日の「迎撃はない」と思っていた日本機の手痛い反撃に戸惑った米軍は、残存する日本機を破壊するために戦闘機による航空基地を攻撃した。

日本軍から占領した硫黄島を飛び立った戦闘機約三〇機が低空で侵入、迎撃機と対空砲火をくぐり抜けて東京上空を素通り、そして、東京の北東にある千葉県の松戸飛行場と、皇居から北西にある埼玉県の所沢飛行場へ二手に分かれ、ロケット弾と機銃で格納庫を炎上破壊。さらに立川、八王子、調布、霞ケ浦等の飛行場や軍事施設を機銃掃射して去って行った。

戦闘機の攻撃の目的は、B29の大空爆前に、日本機の抵抗を弱める先制攻撃であり、日本軍を混乱させる揺動作戦でもあった。

「やっつけたぞ、もう反撃はできまい………」

帰還した戦闘機の報告を受けた時、B29による東京焦土攻撃の準備はすべて完了していた。

五月二五日の夜、東京の天気は晴、一〇㍍の南の風が吹き荒れていた。

米軍にとっては有利な強風が吹き、帝都消防の望楼勤務員は、強風に煽られ、回廊の柵にしがみ付きながら、今か今かと遠い夜空を睨んだ。

「敵機の大編隊が北上中」

各所の監視哨からの情報が防空本部に届いた。

二二時〇二分、今日三回目の警戒警報のサイレンが鳴った。

昨夜に次ぐ警報に、多くの都民は「今晩もやられる……」と、昨夜のB29の猛攻を思い起こし、我先にと防空壕へ逃げ込んだ。都民は自分の身は自分で守る事に徹し、火叩きやバケツを捨て、一旦は身を隠し、危ないと感じたら素早く逃げる事に決めていた。

二二時二二分、警戒警報から空襲警報に切り替わった。

敵機B29が一機か二機の小単位で、千葉の房総半島方面と静岡の駿河湾方面の二手に分かれ、東京都心へ焼夷弾の絨毯爆撃を繰り返した。四六四機のB29からばら撒かれる焼夷弾攻撃は二時間半にも及び、火は強風に煽られ、風が火をよび、都心を中心に、東京が火の海になった。

木造家屋と違い、コンクリートの耐火造りのビル街なら延焼を止められると判断した帝都消防の作戦は甘かった。

丸の内、霞が関のビル街で延焼を食い止め、聖域である皇居は安泰と目論《もくろ》んでいたが、火は渦を巻き、猛炎はやすやすと防火帯のビル街を飲み込み、コンクリート建物が燃えた。

万事休す。火は消防隊の頭上を越え、隊員達は火を唖然《あぜん》として見送った。

江戸時代からの木造家屋火災を対象とした当時の消防隊員の消防装備では、コンクリートの耐火高層ビル火災にはなす術もなかった。

「強風ニ煽ラレ一大火流ヲ現出シ帝都ノ大部ヲ焼失スルニ至レリ」

「全防御力ヲ運用九三二台、神奈川、千葉カラポンプ車ヲ応援要請……」

警視庁消防部空襲災害状況で苦闘を記している。

焼失区域は蒲田、本所、葛飾の三区以外すべての区が被災。死者三六五一名、負傷者一万八千余名、被害家屋一六万五千余戸、戦災者六二万一二五名、の惨憺たるものであった。この日、死守すべきとされた皇居炎上と、二五名の殉職者を出し、帝都消防は惨敗に終わった。

米軍は、勝ち誇った様に、二五日の空襲記録に書き留めた。

「東京は焼夷弾攻撃のリストから消された」と。


「皇居炎上」について警視庁消防部空襲災害状況では「宮城内　駐春閣　東宮仮御所警手派出所」と記述され、宮内省関係では、麹町区で「宮内省互助会診療所等焼失シ尚延焼中」と帝都防空本部情報が速報している。

大本営では「宮城御苑内御茶屋及赤坂離宮御構内の付属一棟焼失せり」と発表している。この大本営発表により新聞各社も同発表内容に「消防器具置場一部焼失」や「三殿及び賢所はご安泰」などを加筆している。

又、大本営の追加発表で「相当機数に損害を与へるの戦果を挙げたが、宮城内表宮殿その他並に大宮御所に火災を生じ炎上したことはいかに敵の無差別爆撃によるものとはいえ………」と、皇居炎上を非道なるものと発表している。その外、詳細な記述は見当たらなかった。

皇居炎上を重視した政府は、二六日一〇時から首相官邸で全閣僚主席の臨時会議を開催、「戦争を勝ち抜く決意をもって、御上に対するお詫びの証とする」と、首相が謹話を行い、これを公表した。これは、日本国が戦争続行をする事を断言したことでもあった。

皇居火災の、公式な消防活動状況の記録は現存しない。

宮殿・豊明殿前庭

「全ての空襲火災記録資料は焼却せよ」

日本国が敗戦を決めた日、警視庁消防部へ厳命が下った。

その日から数日間、霞が関の官庁街ビルの屋上から、幾筋の煙が絶え間なく昇った。

戦後一〇年を経て、固く口を閉ざしていた体験者の中から、空襲体験を語り、文字にしたためる、ほんの一握りの人達が出て来た。

「宮殿に水一滴でも落として汚染する事は、平素から堅く禁じられていた。出来る事ならそのまま守り通したいと私は念願した。結果的に見てこの時に、屋内に全部放水しておけば、あるいは宮殿は今日まで残ったかもしれない」と、当時の、宮内省消防部の山室成一氏は痛恨の思いを書き記し、幾多の消防戦術の失態を「全敗である」という言葉の中に込めた。

皇居炎上を悲嘆

山室成一氏の体験記を、ここに掲載する。

「皇居炎上を悲嘆」（消防隊の活躍・警察消防通信社）山室成一

――昭和二〇年五月二五日の夜半。B29の攻撃は熾烈《しゅんれつ》で、すでに東京都内の各所からは火の手が上がり、猛烈な火焔《かえん》は十数米の烈風に煽られ、東京の夜空を真紅に染めていた。

絶え間なく飛来するB29はどれも皇居の上空を通るような気がしてならない。B29は紅蓮の焔《ほのお》の反映を受けて赤とんぼのような姿に見えた。

ついに一弾は道灌山に落下炸裂して樹木や家を吹き飛ばし、砂塵を巻き上げた。続いて焼夷弾は奥宮殿付近に多数落下し、丁度ローソクを一尺置きに突き立てたように刺さって一面に火を噴いた。内苑門の美しい白壁は油煙で真黒に変わり、痛々しく後々まで当時の惨状を残した。

幸宮殿の屋根に落下したものは発火しないで地面に転落したので宮殿は少しも傷つかずに済んだ。

「まあよかった」と安堵の胸を撫で下したのもつかの間、半蔵門が燃えだしたという報告を受けた。

当時宮殿の防火は松永警視が担当し、その下に奥宮殿、吹上方面は佐藤警部、東丸表宮殿は私が担当していた。もちろん、各分遣所長の責任でもあったのである。

佐藤警部は直ちにポンプ車を急行させ、自らもオートバイを飛ばし、難なく鎮火せしめた。

両殿下の御移りになっているお文庫前の芝生が燃え始めたとの報告を受けたのはこの時である。

B29の攻撃は終わったようだが、霞ヶ関から三宅坂一帯の火焔は増々物凄く、ひと塊の火となって烈風に煽られ、道路から濠を越え、皇居の土手の急斜面にぶつかって跳ね上がり、松の上にまで達する状況であった。

飛び散る火の粉は吹雪の如く、吹き募る風はすでに熱風である。御庭の樹木は僅かの飛び火が付着したと思うと発火し、警備の隊員の衣服も燃えだすと言った具合で、隊員は自分の衣服に水をかけ、濡れた火叩きで「それ、そこが燃え始めた、今度はこっちだ」と互いに励まし合いながら消火に飛び回る有様である。

ポンプはすでに揚水を始め、ホースは濡《ぬ》らし、建物の保護と消火の迅速さを物語っていたが、宮殿の内部までの送水は流石《さすが》に出来なかった。

分遣所長の湯下警視が駆け付けてきて「この調子ではとても駄目だから、宮殿に一斉に放水して濡らしてしまいたい」との意見であった。

宮殿には水一滴でも落として汚損することは平素から堅く禁じられている。放水して明日の行事に支障を及ぼしたら申し訳ないことである。出来ることならこのまま守り通したいと私は念願した。遂に湯上警視の要望を聞き入れないでしまった。結果から見ればこの時、屋内に全部放水しておいたならあるいは宮殿は今日まで残ってかも知れない。

私は出入り口の扉や、窓、きつれ格子の扉を固く締め、警戒を厳重にした。応援の警視庁消防部特別消防隊も近衛の軍隊も皆よく警備した。

宮殿の火災防備上特に注意する点は屋根裏である。

ここは、三階の家が建てられる位の高さがあり、広大で然《しか》も真の間、その上足場が悪く、トントン葺き（編集者注　こけらで簡単に葺いた屋根）であり、この内部に事が起きたら絶体絶命、消火はほとんど不可能と考えられていた。然し、このまま傍観する事はできない。防火水槽を配置し、防火ムシロを置き、ホースを延長し、相当の人員を待機させる等、出来るだけの防備に務めていた。然し、後で見ると、木連（きつれ）格子内へホースを延長したことによって僅かに出来た扉の間隙から火の粉が入りこむ最悪の結果となってしまったのである。

――✍――（木連格子）

狐格子とも言われ入母屋破風の下の格子や建具によく使用される縦横等間隔で組まれた格子。

城外の火の流れは益々大きく、飛来の火の粉はいよいよ急激である。

ふと、鉄橋の方向を見ると土手の松が燃え、激しく火沫を吹き出し始めた。宮殿に近いので御剣磨付近の警備に消火を命ずべく私は急いだ。

鉄橋の中頃まで来た時である。御車寄せを振り返って見たら、驚くべし、正殿の左木連格子より青白い光が反映しているではないか。

「しまった」と思った。危惧していた最悪の場所である。

「正殿出火」

連呼しながら一目散に駈けた。どう突っ走ったか自分でもわからない。

梯子を上がり正殿の木連格子へ登ったら、担当配置の田中警手が伝令を出して放水を始めたところだった。私は思わず怒鳴った。

「田中、どうした」

「すいません」

田中はポツンとただ一言云ったのみ、顔は分からないが涙声だった。

「大丈夫だ、筒先をすぐ集結する！」と言い伝え私は梯子を降りた。

正殿中庭で待機する幾条からの筒先が続々と木連格子内に集結して防御した。その他の各筒先もそれぞれの指揮判断に基づき一斉に行動を開始した。しかし両方の木連格子が全開したため、天井内部は容赦なく吹き募る烈風の通り場所となり放水が届かぬ死角の場所から一挙に火焔が拡大してしまった。

こうなると五本や一〇本の筒先ではどうにもならない。屋根は銅鍛製であるため火焔は木連格子に入り、天井へ逆流し、正殿に続く各方面の渡り廊下は言うに及ばず、東三の間、千積の間、はては豊明殿、御車寄せからも濃煙が渦巻き、防御の隊員は絶息の危険にすら当面した。

数一〇台のポンプ車から送る水は滝の如くほとばしるにも拘らず、何の効き目も現れない。火面は益々拡大し、正殿は遂に天に達する火焔の中に没してしまった。

宮殿・東溜の間

侍従職の建物は防御上不利のため、以前に撤去されていたのでこの方面からする御常御殿への延焼危険は少ないので、一番危険な御学問所に筒先の主力を移動集中したが及ばず、軍の破壊作業も間に合わず、遂に火災は全面的に延焼してしまった。

渦巻く濃煙の中、熱気肌をやく業火の合間を駆けめぐって、隊員互い激励し合いながら、筒先を握って奮闘すること数刻、だが遂に御静養室の一部を残したのみで、夜の明けると共に宮殿は全部灰塵に帰した。

戦いは負けた。全敗である。余燼《よじん》さめやらぬ内庭の芝生に、空腹と疲労と落胆に力抜けた身体を腰下せば、今の今まで開けていた目が、灰と煙のために痛んで、急に開けられない、両手で押してじっとうずくまった。

しばらく瞑目しているうちに、数刻前の美しい宮殿の偉容が眼底に浮かんできた。湯下警視の言葉が耳陀を打つ「戦争だ。思い切った事をしなければこの態だ」今更悔しくなってならなかった。

ひりひりする頬を熱涙がとどめなく糸を引く。

「警部殿、すいません」

田中警手の叫びに、はっと我に返り、当たりを見回すも田中警手の姿はどこにも見えない。

「あーそうだ、田中はどうしただろう！　外の隊員は？」

痛む目を無理やり開け、左右交互に押さえながら豊明殿脇にある二千石の防火槽の上に隊員を集結してみたが、やはり田中警手の姿は見えない。

全員で探し求めた。やがて正殿の焼け跡に管鎗《かんそう》をだいたままの田中警手の骸《むくろ》を発見した。

「やっぱり、そうだったのか」

私は口の中でつぶやいた。田中警手は自己担当の場所から発火した責任を感じ最後まで持ち場で奮闘し、一歩も退かずついに職に殉じたのである。

同じ場所から鈴木警部はじめ応援の消防特別消防隊や軍人等多くの犠牲者が発見された。尊くもまた痛ましい限りである。

いかに戦争とは言え、私の至らなかったために宮殿は焼かれ、尊い多数の犠牲者を出した事に対し無限の悔恨に心を責められ、涙も涸《か》れてただ唇を噛《か》み、じっと堪えるより外に道は無かった。

後日、殿下の御言葉として
「東京都はおろか全国の都市が次々と廃塵に帰している。独り宮殿だけが残ると言う事は無い。木造である限り焔上するのは当然である。これで気持ちもさっぱりした」
と、私達の不手際を責めるどころか、かえって当然の帰結であるとさえ仰せられたと聞いた。私達は殿下の大きな御気持ちに互いに手を握り合って感泣した。
時にふれ、折に臨んでは、当時が思い偲ばれ、あれもすれば、こうもすればよかったと、反省されるのである。

——以上——

皇居炎上時の消防活動などについて、宮内省消防部の山室成一氏以外の人の体験談を「消防隊の活躍・警察消防通信社」から抜粋、要約し掲載してみる。そこにも皇居炎上にまつわる、戦時下の消防態勢の知られざる問題点が浮かび上がってくる。

我事終んぬ

私は昭和一八年三月に特別消防隊になり、終戦まで務めた。宮城が焼かれた時は、麹町方面は一面の火で、隼町方面の火と煙が外堀を越えて宮城の土堤に吹き付け、火の粉は吹雪のように宮城内に降り注いでいた。

日清、日露の勝利品が保管されている記念館には、松葉と椎の木の枯れ葉が山のように積もっていたが、これに火が付いては大変だと思った。当時ポンプ車のガソリンは二缶しか渡されていなかったので、下手に火係りに使うとたちまちガソリンを使い果たして、後の消火活動が出来なくなるので慎重に構えていた。

その内記念館の屋根が燃え始まったので思い切って放水をした。丁度、防御に来てくれた近衛兵の兵隊も、バケツ注水をやってくれた。その内、敵機がいなくなり、麹町方面の火勢もやや収まってきたのでほっとした時、突然に宮殿が燃え始めいるのに気づき、愕然とした。

奥御殿へ駆け込んで見たら、御車寄せと正殿が炎上していた。大変だと、ポンプ車を道観門の貯水槽に部署、ホースを延ばした。「ここで食い止めてくれ！」と宮内省消防課長が叫んだ。私は必至に守った。しかし、建物の下を守っているうちに天井裏を火が突破し、ついに全焼してしまった。

翌朝、行方不明の特別消防隊員の発掘に参加した。中坪の庭には管鎗を握ったまま焼死した仲間の特消隊員がおり、中坪の防空壕の中には特消隊員や近衛の兵隊、皇宮警官等が

折り重なって死んでいた。それを見て私は「ああ、我事終んぬ」と思った。（談）

殿下は言った、賢所は決して燃やさぬようにと、

昭和一九年一一月から二〇年五月まで、特別消防隊の宮城守護の中隊長をしていた。

宮内省本館地下室に作戦本部があり、宮内省警察隊長、宮内省消防課長等がいた。特別消防隊の本部は国会議事堂の西側にあり、警報が鳴るとポンプ車二〇隊が出動して宮城内の防火水槽等に部署し、御車寄せ、御常御殿、東御車寄せ等の、二階、天井裏、屋根等へホースを延長させせ、直ちに消火活動が開始できる体制にして、ポンプ車の機関員以外の隊員は、昔の供者の待ち室で待機させられ命令を待った。空襲警

宮殿・東車寄せ

報が鳴ると更に二〇隊が応援で出動し、賢所、馬場、御内庭等に分かれて指揮した。

四月二三日の夜、見張所から、皇居方面に向かって敵機が襲来中と言う報告が入った。引き続いて宮内省本館西側に焼夷弾が落下の報が入った。現場には、焼夷弾が樹木に引っかかって花が咲いた様に燃えていた。百五十坪ぐらいの女官部屋が焼け、百間廊下が燃えていた。ここで火を食い止めなければ御常御殿へ延焼すると言うので、必死になって頑張り、延焼を食い止めた。

殿下は常に、賢所は決して燃やさぬようにと、言っておられたそうで、我々も、相当警防力を強化していた。

ポンプ車が使う防火水槽等の消防水利は決して充分でなく、ポンプ車を二台つなぐ中継が必用だった。宮内省消防のポンプ車は一五台程あった。

五月二五日、女官部屋も焼失した。（談）

天井裏にまでホースを延ばしていた

特別消防隊の私は皇宮警察署長等の指揮下で働いた。

その日、南西の風が吹いていた。本殿、賢所に焼夷弾落下の報が入った。多量に投下され、特に賢所はひどかった。焼夷弾が斜めに突き刺さり炎上していた。防火水の池まで一二〇㍍位あり、思うように消火活動は出来なかった。死傷者は、本殿を消火していた特別消防隊員が一八名位殉職した。天井裏にまでホースを延ばしていたから、そこで焼け死んだ隊員もあった。（談）

世人は見殺しにしている

東京消防庁の機関誌「東京の消防」に記稿した浅見潜一氏の体験談を抜粋し、その概要を掲載する。

――警視庁に特別消防隊が発足した。昭和一八年の春に大増員があり、私も荒川消防署から特別消防隊へ転勤して来た。一九年に全員で七六八人の大規模な組織になったが、私は最初から隊本部にいた。

仮庁舎は皇居外堀の楠公銅像脇に四棟を建設し、一九年の秋には現在の国会の第二議員会館のある場所に本隊庁舎を竣工したが、二〇年五月二五日の空襲で焼失し、半年ばかりで、元の楠公銅像脇の仮庁舎へ舞い戻ってしまった。

二〇年五月二五日の夜、本隊庁舎に三発の焼夷弾が直撃し、私ら本部員が消火に当たったが、二回目の空爆で、隣の大政翼賛会の建物に数発の焼夷弾が落ち、その付近一帯が瞬時に火の海になった。

隊付の私は、庁舎が全焼した事を隊長へ報告すべく、燃え盛る火の中を皇居へ急いだ。

坂下門に着くと、皇宮警手（今の皇宮巡査）や近衛兵、それに特別消防隊員の動きがどうもただごとでなく、どうしたのかと思って宮殿の方を見ると、あの大きな屋根の一角に物凄《ものすご》い勢いで炎が噴き出している。ああした建物が燃えると、トンネルの中を大型トレーラーの列が驀進《ばくしん》するような音を立てるものである。そうした中で特別消防隊は活動していたが、宮形屋根の崩壊に起きる特殊な火災状態によって、一八人の尊い殉職者を出してしまったのである。

宮殿で一八人、大宮御所で一人、本隊で三人、と全部で二〇人の殉職者を出し、本隊の庁舎も焼失したために遺体を安置する所が見当たらず、仕方なく一時皇居内で預かってもらうことになり、翌日の昼近くになって本隊庁舎の焼け跡に遺体を引き取れたのである。

焼け跡から焼け木材を拾い集めての荼毘《だび》に付すことになった。いざ火をつけようとした時、一人の僧が歩いて来た。これ幸いと、供養のお経を依頼したら快諾してくれた。その僧こそ、京都の閑院宮《かんいんみや》家の菩提寺住職で、真言宗宗務長の岡田快大僧正と言う人であった。空襲で東京の閑院宮家が焼けたので見舞いのために上京して来たと言うことであった。

思えば当時、消防の幹部講習を芝の真言宗の社務所を利用させてもらっていたが、その宗家の宗務長に偶然お経をあげてもらうことになったのである。その後、昭和三一年ごろ京都の菩提寺を訪ねる機会があり、岡田快大僧正にお礼を述べに行ったら岡田快大僧正は当時の事をよく覚えていて、話がはずんだのを覚えている。

あの時の遺族で、まだ結婚したばかりでお腹に子供がいた人や、両親とも病気だった人など、いろいろあったが、今はどうしているのだろうか、時々思い出しては気持ちが暗くなる。殉職者に対し、世人は見殺しにしている。

昭和二〇年の夏のある日、皇居で殉職した、消防、皇宮警察、近衛兵の遺族達が宮内省に招かれ、天皇、皇后両殿下もご臨席されての慰霊祭が行われた。私も消防側の隊付係員として参列させてもらったが、隊付として数百人の隊員の家族関係などの身分の事務をあずかる仕事をした関係から、貧富の差のある遺族もいた事を知っているだけに、私は一層その感を深くするのである――。

――昭和三〇年代の一時期、豊島消防署長として赴任してきた浅見署長の、署長車の機関員をしていた著者（中澤昭）は、車中で多弁な浅見署長の消防談義を受け、いつか車中が「浅見教室」となっていた。そこで空襲火災から消防全般にわたる幅広い知られざる貴重な生きた知識を得られた。そして、決まって「中澤君、部下を絶対に死なせるな」と言って講義を終えた。今にして思えば、皇居炎上の惨事が残痕として浅見署長の心から消える事がなかったのであろうと、その心情は察するに余りある。

「浅見教室」で学んだそのノウハウを、皇居炎上の記録として生かさせてくれた事に、浅見潜一先輩に心から感謝したい。――

消防隊員の評言

その他、皇居火災について何人かの消防隊員の証言があった。主なものをここに簡記する。

○無視した消火……

宮城が空襲を受けた時、武蔵野も焼夷弾攻撃を受けた。消火活動中に「宮城が燃えている」との報があった。部隊を武蔵野消防署へ集め、署長の訓示を受けて、宮城へ応援出動した。途中で空襲火災に遭遇し「ここを消してくれ」と懇願されたが、そこを通過する時は辛かった。

やっと警視庁に到着し宮城に入ったのは夜中の一二時を過ぎていて朝まで消火活動をした。

○言うべきか言わざるべきか………

その日、三鷹市も空襲を受け、消火活動をしていた。消火中に「宮城に焼夷弾が投下されている」と警視庁消防部から通報があり、自分の隊を消火に従事のために現場に残し、署長は他の中隊を引きつれて宮城へ急行した。三鷹の火災は全焼してしまった。そこへ三鷹の町長が来て「どうして途中でポンプ車を引き上げてしまったのか」と苦情を言われた。言うべきかい言わざるべきか迷ったが、首を覚悟で「宮城に焼夷弾が落とされた為に部隊が応援にいった」と説明すると、町長はようやく納得した。

みだりに漏らしては成らないと言いくるまれていた皇居の情報と、自己管内を捨ててでも皇居を護る事を最優先とした思想が当時は根強くあった。

○腹で抱えて焼夷弾を消せ………

私は特別消防隊にいた。

「我等特別消防隊員は畏れ多くも宮城警防の重任に身を捧げ、誓って天皇陛下の大御心に服し奉らんことを期す」と言う綱領を毎朝唱え、午前午後訓練に励んだ。最も困ったのは食料であった。

皇居の火災を想定しての検討をやり、ここに消防水槽を造ろうと案を出しても宮内省の役人の反対で、結局は消防の意に反して、遠い所に造られてしまう事があった。

「人体の六割は水分だから、何も無い時は、腹で抱えて焼夷弾を消せ」と言った事を言い、厳しい訓練が行われた。

最後の標的

皇居炎上で東京空襲は終わりではなかった。

硫黄島基地からP51戦闘機が、真っ昼間一日中にわたって、動くもの全てを標的にした機銃掃射が激しくなった。

五月二九日、東京の後は横浜へと、B29約五〇〇機が空爆、この日で横浜も命運尽きた。この時の一部が東京の城南地域へ侵入し、蒲田、大森、品川に焼夷弾を投下、死傷者一五七名、被害家屋約2千戸を数えた。

三一日は大島、六月五日は八丈島にB29一機が爆弾投下。六月一〇日に立川と板橋の軍事施設をB29三九機が空爆、死傷者四六七名、被害家屋約六〇〇戸を出した。一一日P51薬五〇機の本格的機銃掃射が行れ北多摩の飛行場で飛行機四機を炎上、七月に入り、六日一二時五〇分P51一〇〇機が多摩地区で銃撃、死傷者一八名。疎開先までもが機銃掃射の標的にされてきた。八日昼の一二時、P51二五〇機の大編隊が浅川、立川駅を攻撃、死傷者一八名、一〇日には艦載機約二五〇機が立川、成増飛行場を攻撃、傷者二八名。一三日は蒲田、一九日江戸川、二〇日朝の出勤時間にB29一機が東京駅に爆弾投下、死傷者六三名。二八日P51約四〇機が、調布と三鷹それに五日市線の列車を銃撃、乗客二名、学童疎開中の学童一名即死。二九日B29一機が保谷町のガスタンクに爆弾投下、死傷者一二名。三〇日は艦載機が侵入、一日で三回の空襲警報、町に動く人影が消えた。

七月は、米国軍に英国軍の空母が加わり、両機動部隊による艦砲射撃で日本本土に砲弾が打ち込まれるようになった。釜石、室蘭、そして一七日には日立、水戸、一八日には千葉の白浜へと、見えない敵から突然の砲撃は恐怖そのものであった。

もはや日本には「降伏」しか選択の余地はなかった。

ルメイは七月に第二〇航空軍司令官になっていた。

日本軍の抵抗が弱まった事を確認したルメイは、爆弾の代わりに「空襲予告ビラ」を撒きだした。日本国民の厭戦《えんせい》心を促し、日本の早期降伏を狙う作戦に出たのである。

「市民よ、直ちに疎開せよ」

八王子市内にビラが撒かれた。「七二時間以内に爆撃は始められる」と、書かれていた。八王子市民は、ビラの通告通りに他都市が攻撃されたことを知っていた。市民は警告通りに、我先にと移動を始め、八王子の町は無人の町と化した。

軍隊はこの時すでに、迎え撃つ戦力は持ち合わせていなかった。唯一、爆撃を受けるのを覚悟で八王子へ集まって来るのは、消防隊だけであった。

ポンプ車四九台が八王子へ向かったが、ポンプ車が使える消防用水が少なく、隊員達がドブ川をせき止めて、ようやくポンプ車を配置することができた。予告通りに猛爆が始まった。Ｂ29三一〇機が波状的に焼夷弾を惜しみなく投下、瞬く間に八王子の町は火の海とかした。事前に消防隊を配備していたが、空爆の威力は消防力を完全に上回りポンプ車一二台を焼失、ポンプ車が焼夷弾の直撃を受けるなど、隊員七名の殉職者を出すに至った。消防隊の奮闘も空しく、八王子市内は一夜にして全壊した。

同じに、事前に消防隊を配備した皇居と八王子の空襲火災を比較して、皇居内と言う限定された場所でしかも広場がある所で多くの殉職者を出した事は消防戦術等に齟齬《そご》を来たしたと言わざるを得ない。

焦土の東京には、行く当てもない人々が焼けトタンのバラックや、穴ぐら生活をしていた。

狙う標的が少なくなった敵機は、手あたり次第に機銃掃射をし、焼け残った建物を見つけては容赦ない爆弾投下をした。八月三日P51一一機が杉並、王子などを銃撃、死傷者一四名。五日P51七機が八王子を襲い死傷者一八五名。八日B29六〇機が千住、練馬、武蔵野を空爆、死傷者一三一名。一〇日B29一〇〇機、P51五〇機が板橋、王子、足立を襲い、死傷者四八七名、これが消防隊の最後の出動となった。

一三日艦載機五〇機が東京上空を旋回し、穴ぐらに潜む都民を機銃掃射して死傷者七七名。さらに終戦の日の八月一五日、房総沖の空母からイギリス戦闘機五〇機が関東地方の攻撃を行い、青梅市で被害が出た。この空襲が東京最後のものであった。都民が頭上からの恐怖を払拭できたのは、終戦の翌日からであった。

第一〇章　なぜ、皇居が全焼し、多くの殉職者がでたか

眠れぬ夜

五月二四日午前一時三六分からの二時間余。Ｂ29約五二〇機による猛攻で、一一万九〇〇〇発の焼夷弾が落とされ、そのうちの六発の焼夷弾が、天皇が避難したお文庫の近くに落ちた。

皇居内の、樹木が燃えたりしたが、待ち構えていた消防隊が叩き消し、皇居は無事であった。だが、皇居から見た東京の街は、朝まで真っ赤に燃えていた。

明けて二五日、まだ火事場のくすぶる煙が残る真っ昼間に、三〇機の戦闘機が東京上空を旋回し攻撃を仕掛けて来た。

天皇は前日から終始防空壕の中で御公務にあたり、休むことない敵機の襲来で、多くの都民も寝不足の真っ赤な目をして疲労困憊《こんぱい》にあった。

一晩中、一睡もせずに死闘を続けた消防隊員は休む暇もなく、非番員を含め全員が消防署所で警戒に入ると言う、帝都消防は決死の布陣で臨む非常態勢に入っていた。

警戒警報が出っぱなしの状態が続き、宮内省も消防隊を増強しての警戒など、皇居の内も慌ただしさに追われていた。

天皇も一睡もできず二五日の御公務をこなされたのは、ようやく警報も解かれた夜になっていた。

お疲れの天皇を気遣い、侍従がおやすみを申し上げた。

眠れぬ一夜を過ごされた天皇が、今晩こそはゆっくりと御休みになれると思い、安堵《あんど》する侍従であった。しかし夜一〇時、昨夜と同じように、今日三度目の警戒警報が流れ、天皇は再び、お文庫の地下二階の防空壕へ避難、そこで、思いもしなかった皇居炎上という災禍に合うことになる。

消火活動は失敗であった

強い南風が吹き荒《すさ》み、湿度は五〇%。迎撃機もいない東京の夜は米軍機にとっては絶好のチャンスであった。

焼け残った区域を焼き尽くすルメイ司令官指揮するB29五〇〇機が、機体の腹に詰め込んだ焼夷弾の全てを波状的に投下。靖国神社、東京駅、帝国ホテル、陸軍省、海軍省、特別消防隊本部などに命中した。

皇居内にも奥宮殿付近にバラバラと焼夷弾が落ち、地面に突き刺さり、あたかもローソクを立てた様に一斉に火を噴き出した。

皇居では半蔵門と御兵所が破壊され、三種の神器が収められていた宝物殿にも命中したが消防隊が消火に成功。事前に神器は別に移されていて、消防隊は空の宝物殿を守ったことになる。

皇居外は随所で火の手が上がり、決死の消火活動が行われ大混乱であったが、皇居内も混乱していた。

強風で炎は乱舞し、炎が火の塊となって、お堀をやすやすと越えて皇居内へ飛び込んできていた。樹木にも火が付き、松やシュロの木が燃え上がり、地面では枯れ葉が、建物では軒や雨樋にも燃え移り、消防隊員はあっちこっちと駆けずり回りながら、火をたたき消した。


東京の上空から敵機の姿が消えた。

日付が代わった二六日の午前一時、東京上空からすべてのB29が飛び去り、空襲警報も解除された。天皇はお文庫の地下二階防空壕から一階に上がられた。

その五分後、突然に最も恐れていた事態が発生した。

「正殿が出火」

木造大建物である正殿の、天井の木連格子から炎が、勢いよく噴き出しているのが見えた。出火元は屋根裏と、誰の目にもわかった。

誰も気づかぬ間に、死角となる屋根裏へ強風にのった火の粉が木連格子の隙間から入り込み、カラカラに乾燥していた屋根裏の木材に着火、くすぶりながら炎が伸び、周囲へ拡大していったと考えられた。

噴き出す炎の発見は、もはや初期消火は手遅れの状態で、裸木造の大建造物の屋根裏から炎が噴き出している状況は、すでに天井裏が火の海になっていると推移された。

天井裏には、すでに数名の消防隊員がホースを構えていた。

「放水はじめ！」の命令がまだない。

天井裏に入り込んで、水が入ってない空のホースを握りしめ、頼りとしている放水を「まだか――！　まだか――！」と持ち構えている隊員の絶叫は届かない。

遠く離れたポンプ車の機関員からは、切迫した現場の事態は何も見えない、何の連絡も、情報も、そして命令も、ない。

「今か、今か」と「放水はじめ」の命令を待つ機関員。その機関員の方へ、何やら大声で怒鳴りながら駈けて来る者がいた。

「放水開始」を伝えるために、息を切らして駆け込んできた皇宮警察消防隊員の伝令員であった。

機関員は放水コックを全開にした。その時には、樹木に包まれた暗闇の中から、青白い炎を吹き出す正殿が姿を出し、またたく間に夜空を真っ赤に染める炎が上がった。

遠い防火用水から延長されてきたホースで正殿へ一斉に放水するも、放水圧力も少なく、しかも強風で放水は飛び散り、正殿の内部には消火水は届かず火焔は拡大し、正に焼け石に水でしかなかった。そしてついに正殿は火炎の中に没した。

皇居炎上の急報を受け、近衛師団長と東部軍管区司令官の高官二名が現場にかけつけ

宮殿・正殿（謁見所）

た。

現場は大混乱に陥っていた。消火する消防隊員は、どの隊が、どこを、どのようにして、消火するのかの判断が出来なくなっていた。

火は奥宮殿へ燃え移っていた、天皇がお文庫へ移る前に使用していた建物である。

もはや後へ引けない事態となり、破壊消火と言う決断が急がれた。

師団長は、宮殿をつないでいる廊下を破壊して延焼をくい止めることを決意した。だが、破壊決行の前に宮内省の破壊許可が必要であった。たとえ師団長と言えども、皇居内の物を無断で処分する行為は出来なかったのである。そして、宮内省の破壊許可が下り、いざ陸軍工兵隊が破壊作業に取り組んだが、破壊は機械力でなく、トビ口やハンマーなどの手作業で行うしかなく、破壊作業は手間取り、延焼を食い止める事ができず、ついに皇居は全面的に炎上し、消滅した。

ここで、皇居防衛の消防隊は完敗した。

二六日午前一時から五時までの四時間の死闘で、皇居内の二万八五二〇㎡が焼失、二七棟の内、焼け残ったのは、接待所の建物一棟だけであった。

皇居内での死者は総計三四名とされ、その内の一八名は警視庁消防部の消防特別隊員で、他に宮内省警察部消防隊員と近衛兵らが含まれている。


皇居の消火活動は失敗に終わった。

なぜ、皇居はいとも簡単に燃えたのか。

なぜ、消火できなかったのか。

なぜ、多くの殉職者を出したのか。

なぜ、皇居炎上は検証されなかったのか。

数多くの、なぜ、が残った。

なぜ、皇居は簡単に燃えたのか

「皇居の建物は、私の予想通りに焼かれてしまった」

現在の総務省消防庁長官にあたる国家消防本部長であった、鈴木琢二氏が、戦後一〇年ほど経って「消防隊の記録」（警察消防通信社）で語った。

「私は昭和一八年から昭和二〇年まで、軍需省の防衛課長をやっていた。防衛課長と言うのは主として、軍需工場に対する防空施設指導と物動計画に基づく生産転換等の仕事をするものだった。

　宮内省の要請により、宮城内の防空施設の状況を見せてもらったが、宮城内の防空施設は全然なってなかった。

　建物の天井が厚いので、焼夷弾を落とされると屋根を突き抜け、焼夷弾はみんな天井で止まってしまい、そこで燃えだすことが予想された。また渡り廊下を壊さなくては駄目だと思った。つまり宮城内の建物は防火的見地から全然手に負えないものであった。しかし、それらの建物に対する防空施設を施す暇もないうちに空襲でやられ、私の予想した通りそれらの建物は焼かれてしまった。」


　当時の防衛課長の言に及ばず、木造家屋は火が大敵だと、誰もが知っている。

「火事とケンカは江戸の華」と言われていた様に、古来から日本の住まいは木造で、一夜にして江戸市中が大火で灰になったことが記録に残されている。そのため、日本人は火には強い畏敬心を持ち、日常生活の中でも火の神様を崇め火の用心に努める習わしが現代でも生きている。全国各地でも火祭りといった習わしや火を神と崇《あが》める神社等も多くみられる。

　神頼みの防火でなく、火災国日本の汚名を返上しようと、最初の近代建築法規として

「市街地建築物法」が誕生したのが大正八年である。だが、不燃化都市の構築を目標として制定された新法も、歴史に残る昭和大恐慌の嵐と満州事変から始まる戦争等により不燃都市の実現は見られなかった。そして、木造家屋の過密化した都市は、日本攻撃の格好の目標となったのである。

満州事変が勃発し、戦時色が強まってきた昭和八年には、早くも大規模な防空演習が各地で行われ始めていた。

「皇居は空襲には弱い」

皇居の建物を知っている人は誰もが分かっていた。

宮内省が一番に頭を悩ましたのも、空から攻撃される空襲であった。

空襲への備えを強化するため、今までの消防夫による消防態勢では心許《もと》ないとした宮内省では、昭和一六年に皇宮警察部の消防係であった担当が、消防課へと昇格させる組織改正を行い、皇居全体の本格的な防空対策の強化に乗り出した。

その手はじめが、天皇を空襲から護る防空壕を造りなおすことであった。昭和一〇年頃に造られていた「防空室」は、大型爆弾には耐えられない時代に合わない構造であったために、新規に「お文庫」と称する地下三階の防空壕の工事を始めた。

だが、明治初期から建設を始めた皇居内の木造建物となると、現代のようなスプリンクラーと言った消火設備もなく。また、高湿度の日本の風土では、木造建物の維持管理上から、軒下や屋根裏には通風口が設けられていて、一旦、火災が発生したならば、通風口が恰好の延焼経路となり火は一気に拡散する防火上危険があった。

「消火設備なしで初期消火困難、延焼危険が大」

この事実を関係者は知ってはいた。だが、皇居は神殿であり、神のご加護で護られていると言った、盲信的な安全神話を堅持する人の存在もあった。だが、結局は、財政難や物資不足等の諸問題から、皇居内に現存する大小二七棟もの木造建築物への防火改修工事は困難であると見切りをつけ、例え施行が可能であっても時間的にも間に合わずと結論づけた。そして行き着くところは、最終的には安価で即効的な手段である、消防隊員による人力による消火活動に頼らざるを得なくなった。

とどのつまり、「皇居は火災に弱い」をそのままの状態に残しての防空対策となったのである。

ここに、皇居炎上と多くの殉職者を出した一つの原因がある。

なぜ、消火できなかったのか

劣悪な消防機材と消防戦法の誤りが消火の失敗と言える。

○欠けていた木造大建造物への消防機材

ゴムは貴重な軍事資材で軍事優先の統制品目であった。このため、当時の日本製の消防ホースは麻布を素材として作らざるを得なかった。

植物製素材の麻ホースは、水には強いがキズがつくと破れやすいのが難点であった。麻ホースは使用頻度によって簡単にキズや穴があき、せっかくホースで送った水が途中で噴水の様に飛び散り、筒先からはチョロチョロとしか水がでないケースが多かった。

ポンプ車にしても長時間フル運転するとすぐにオーバーヒートを起こすものが多く、しかも燃料のガソリンも軍事優先で、消防の支給分は少なく、それも粗悪なガソリンで、寒冷期にはエンストをしばしば起こす等、正に機関員泣かせの事ばかりであった。

当時は消防の火災現場では、無線機やレシーバー等と言った通信機器による連絡手段はなく、ポンプ車と火事場の最先端の放水員との連絡は、隊員が駆けて人づてに伝言する「伝令員」が行い、消火活動で最も基本的な「水の送り手と、水の受け手」との緊密な情報連絡に迅速適格性が欠けていた。

又、喧騒《けんそう》する現場での指揮命令や、指示、情報などの伝達には、すべてが昔からの口頭伝達方式がとられ、無線機や拡声器といった機器がなく、統制された現場の情報管理は旧態依然のまま据え置かれていた。そこには火事は昔ながらの「寄ってたかって消す」の古き時代の消防戦術がまかり通っていたのである。


火事場の最先戦で猛火に挑む放水員の武器は、金属製の筒先一つである。

だが当時は、肝心の筒先には、水を出したり止めたりの切り替え装置がない。つまり水道口はあるが開け閉めをする蛇口がないのである。水を出したり止めたりの蛇口の役目は、現場から遠く離れたポンプ車の機関員の役目である。それも火災現場から防火服を身につけて駆けつけてくる「伝令員」の「放水始め」の連絡を受けてから、はじめて操作することになっていた。また、ポンプ車のコックの開閉操作や、放水圧力調整も全て機関員の手加減によって操作することになっている。原則として機関員は自分勝手にポンプのコックの開閉はしてはならない決まりがあった。

一方の、水の受け手である、最も危険な火事場の最先端に立つ放水員達は、機関員のコックの開け閉め一つで自分の消火活動の行動が決まるのである。

つまり、自分の意思と判断で、その場の状況に応じた適宜適切な消火技術を駆使するには、機関員のコック操作と言う、人任せ的な消火活動を強いられていると言わざるを得ない。それは時には、戦地の兵隊が、銃弾のない空の鉄砲を敵に向けている状況と同じ心理状態でもある。

飛行機が飛び、都市を一夜にして焼失させる焼夷弾が作れる時代に、防空の最前線に出された消防の装備や機材を、時代遅れの状態に放置した国策の貧困がそこにあった。

○見誤った空襲火災対策

火災の消火は、初期消火の一言に尽きる。木造大建造物の火災は、初期消火の失敗ですべてが灰になる。消防界では常識である。

初期消火には、消火の水は欠かせない。これも消防では常識である。だが、広大な皇居内には、初期消火用の消防水利は不足していた。

皇居内の建物にはスプリンクラーもない、火災に無防備な木造大建造物の火災は「ボヤのうちに消せ」が鉄則である。

初期消火を成功させるには、守るべき建物の周囲には、応急的にでも簡易な防火水槽を設置し、水槽にポンプを据え付け、即時速攻の消火態勢を整えるべきであったが、その初期消火用の消防整備がなされていなかった。それは、消防からみて大きな欠陥である。

　宮内省官吏も東京空爆の凄さを見分して、正に非常事態であると認識し、消防対策に非常手段を講ずる必要性を痛感していたと思えるが、神聖なる皇居は神のご加護で安泰であると言った盲信的信念があり、無粋な防火水槽をやたら増設することは聖地を汚すことにもなりかねないと言った非科学的な思考が根強くあって、仮設の防火水槽すら設置できなかったものと思われる。

　宮内省や内務省そして軍部等との縦割り行政や、相互の権益意識等がからむ障害が対応を阻んだ要因とも見られる。

　宮殿のような木造大建造物の火災では、一旦炎上すれば高温のふく射熱で消防隊員といえでも接近することはできない。そこで、遠隔の場所からの大量高圧放水が不可欠である事は消防の経験者であれが誰でも知っていることだが、この大量高圧放水が可能な高圧放水銃を、知恵を出し合い、工夫して作り出そうとはしなかったのか、これに代わる高圧放水方法を検討しなかったのか。

　二か月半前の、三月一〇日の東京大空襲の失敗から、何を学び、何を実践するかの、創意工夫をも放棄したとも見える。それは、聖域である皇居は空襲から逃れられる言った妄想とも言える安全思想と、危機管理の欠如が皇居炎上につながっていた。

○一人よがりの消防戦術

防空対策として、皇居の消防隊に、選《よ》りすぐった精鋭の警視庁消防部の特別消防隊員が応援隊として加わった。

皇居の消防隊は、宮内省と内務省の二つの異なった組織陣営から、形式上、一の組織体として皇居の空襲対応に備える構成となった。二つの消防隊は、おのずと実火災の経験度や消火技術の熟練度、隊としての規律や統制力、更には隊員達の内面的な思想や意識等、様々な違和感が生じる。伝統と文化等が異なる二つの組織を、一気に一つに束ね、即効性のある部隊に仕立てる事の難しさがここにも存在していた。だが、それらの内部問題の解決をする暇もなく、空襲の危険は急迫してきた。

宮内省は、皇居の消防体制を決めた。

皇居内を三分轄して三人の皇宮警察部消防隊長がそれぞれの現場の指揮官となり、応援隊の警視庁消防部の特別消防隊は、その指揮下に入った。

宮内省は、皇居内での消防活動方針を即決した。

「神聖な皇居を汚してはならぬ」を徹底し、建物内部への立ち入りと、放水は指揮者の命令によるとされた。

放水による消火は極力避け、濡れムシロや火叩き等の人力で焼夷弾の火を消すのを優先とし、ホースを建物内へ延長する場合には汚さぬように事前にムシロを敷く等、通常の消防活動とは程遠い制約が指示された。消防隊員は戸惑ったが、規律厳守の教育を受けた隊員達は、指揮官の命令を厳守せざるを得なかった。

烈風で火の粉は火魂となって飛び込む時も、飛び火火災が当然予知できていたのに、事前に予備放水を出来ずに歯ぎしりしながら、燃える立ち木を叩き消す隊員。猛火を前にして、放水を「今か、今か」と命令を待ち続ける隊員達。そこには、消防活動の規制と言う大きな壁が、隊員達の前に立ちはだかっていた。

増強した消防力を総合的に活用できず、空襲という非常時に非常手段を実行できなかった消防戦術の失態があった。

消防隊は全力を上げたが、皇居がすべて焼失した。

なぜか。

その疑問に、元東京消防庁予防部長の鉾田　昇は答えた。

「結局は、科学消防を軽視した、消防訓律の精神論の強要で押し切った消防活動の結果といえる。」と。

また、米国戦略調査団の報告書では「帝都消防は、燃えるに任せる以外、どうすることもできないほど、無力であった」と決めつけた。

なぜ、多くの殉職者をだしたのか

○消防体制に問題はなかったか

「何人も侵すべからず」

聖域の皇居内は、厳格な警備と防火が徹底され、安全が保たれていた。

だが、その安全は空襲と言う非常時にはもろくも崩れた。

明治一九年に、皇宮警察署となり、天皇および皇族の護衛と警備、消防等を業務とし、陸軍の近衛師団と合同で皇居の警備に当たっていた。

皇居内の消防は皇宮警察官の任務となっていたが、消火活動などの実務は警察官でなく、別途に配置された消防夫が当たっていた。

その消防夫の身分は宮内省職員とされているが、勤務は一昼夜隔日勤務の日給制で、火災時には消火活動を行うのが本業とされ、普段は防火パトロールや消防器具の手入れ等の単純な作業を行い、正規任用の宮内省の官吏とは待遇や処遇等の面でも異なっていた。

消防夫は警察官の管理下におかれ、警察官の指示命令下の地位にあった。そのため、消防夫の日常業務全般については、消防担当の警察官の指導監督を受けなければならず、消防夫は自《おの》ずと、あてがいぶちの仕事をこなす人夫の存在でしかなかった。又、厳格な警備と防火監視が敷かれた皇居内には、人為的な災害事故などの不祥事はないのが「当たり前」とされ、ややもすれば安寧秩序が整った安全で安泰な慣れの環境にどっぷりと浸かり、改革改善は敬遠されて現状維持が習慣化され、形式的な伝統や文化、慣習などが重んじられていた。したがって、消防夫の実務や任務、更にその存在すらも軽視されがちとなっていた。だが、空襲という非常事態への急変に、宮内省は、劣勢な消防体制に気付いたが、その抜本的改革改善や対応等は遅れ、形式や格式そして組織の権益などを優先とした、旧態依然たる消防体制で対応せざるを得なかった。

その一例を上げると。

消火活動の実務経験の少ない皇宮消防隊に、精鋭気鋭の警視庁消防部の特別消防隊を支援隊としたが、その支援隊が、実態に即した消防水利の必要性をと、消防水利の不足を訴えても「皇居内の事に口を出すな」と黙視され、支援隊の要望は叶《かな》うことはなかった。

又、延焼防止という、緊急時の建造物の破壊についても、皇居を警護する近衛師団長ですら宮内省の許可を受けなくてはならず、師団長が直属の近衛兵に破壊を命じられないと言う、凝り固まった形式論が、皇居内には根強く存在していた。

多くの殉職者を出した要因に、空襲と言う非常事態の実態に即応できなかった、ずさんな消防体制があったと言える。

○人命軽視の消防戦術

「一死報国」

当時の日本国中は、特攻で敵艦に突入した殉職を「軍神」と祀り上げ、国民もまた英霊と讃える、正に異常な時代であった。

「天皇を空襲から護る」として、特別消防隊に任命された消防官にとっては栄誉なことであり、一家の誉で、隊員達は「一死報国」の精神でその任務に勤《いそ》しんだ。

警視庁消防部の名に恥じぬよう、強いプライドをもつ特別消防隊員達は、同じ使命感を持ち、同じ職務に当たる皇宮警察部の消防隊とは、互いに潜在的にライバル意識を心に秘めていた。だが、消防訓律を叩《たた》き込まれた特別消防隊員達は、応援隊という立場で、皇宮警察部の指揮下に入ろうが、上官の命令は絶対的な事として命令を厳守し、たとえ意に反することがあっても異をとなえる事はしない、従順で精強な隊員となっていた。

その特別消防隊員に苛酷な任務が命じられた。

空襲警報発令を合図に、消火設備のない宮殿の狭い屋根裏に、ホースを延長させ、消火水が送られるまでその場を死守する任務であった。つまり、人間スプリンクラー役を言いつけられたのである。

「むやみに放水をしてはならぬ、放水は責任ある立場の指揮者の命令による」が、皇居内の消防活動の基本として消防隊員に徹底されていた。その理由は「神聖な皇居を汚してはならぬ」の習わしにあった。

屋根裏で筒先を構え、スプリンクラー役となった隊員は、火災から自分の身を守るには、命令無視の緊急脱出か、命令順守の放水しか、選択肢がなかった。

仲間を信じて、ただひたすらホースに水が乗って来るのを待つ。握り締めた筒先から必ず水が出る事を願って待つ。エンジンフル回転で送水してくれるポンプ車の機関員を信頼して待つ。

隊員は指揮者の指示命令を厳守し、その場で待機の「待つ」の姿勢を執らざるを得なかった。

「死を賭して皇居を護る」

宮内省が決め、実行させた消防戦術は窮策であり、正に体当たりの特攻と同じ、非人道的で邪道な消防戦術であった。

退避は敗北につながるとした思想、「下級の者は上官の命を承ること、直に朕（ちん）が命を承る義なると心得よ」の軍人勅諭等がまかり通る、異常な時代が生み出した、人命軽視の邪道な消防戦術であった。

「しかたが、なかった」と一部関係者は苦々しく言う。たが、この失態の検証もせず、その実態も公表されず、極秘事項として扱われ、いまだその真相は闇の中にある。

なぜ、脱出できなかったのか

殉職した隊員達の死因は、焼死か窒息死か中毒死か、それともショック死か。帝都消防は、遺体を検死して、死因の確定をすることなく、翌日早々にダビに付した。よって死因についても公式な記録はない。

又、帝都消防は、関係書類を焼却処分したこともあり、皇居炎上の消防活動についての検証もしなかった。

なぜ、宮殿内の限定された一カ所の場所で、多くの消防隊員達が殉職したのか。その死に至った経過や死因については、限られた関係者の供述と関係記録等から推理せざるを得ない。

当日は強風でカラカラ天気、しかも檜材で組み立てられた建築様式の建物は、火に弱く、当時は乾燥状態あり、飛び火による出火危険は予想されていた。

隊員の位置する屋根裏は、通風のための狭い空間で、足場も悪く行動するには難所があった。だが、当日は強風下であり、空間は風通しが良く密閉されてはいない空間であることから、延焼経路にはなる弱点ではあるが、猛煙が充満し有毒ガスによる人体への危険は少ないと考えられる。

皇居へ吹き付ける飛び火と火災の煙で、皇居内は鼻をつく、けむい臭気で包まれていた。飛び火で着火した火種を早期発見するには、煙の臭いの発生源を人間の臭覚で確認することは困難であり、あくまでも早期発見は、炎が立ち上がるのを隊員の目で確認するしかなかった。だが、広大な皇居内に絶え間なく降り注ぐ火の粉を追う人間の目にも死角が生じ、早期発見、初期消火の絶対的な条件が崩れた。そして放水の時機を逸した。

死に至るまで隊員の構える筒先から放水されていたという実証はない。

隊員達は命令厳守で、宮内省の消防隊員とのライバル意識もあり、熱く、けむい苛酷な状態にあったにも拘らず、身を守るべき装備品は何一つなく、限界まで耐え忍ぶ姿勢で放水を待ち続けたと思われる。

以上のことから、一瞬の間に火が回り皇居が炎上し、狭い屋根裏にいた数一〇人の消防隊員が殉職した事実をつき合わせると、逃げるタイミングを逸したか、又は、逃げる時間もなく瞬時に炎に包まれての焼死か、又は、床が抜け落ち、階下の灼熱のるつぼへ全員が落下しての焼死か、いずれにしても、死因は焼死と推定される。

爆発と言う現象でなく火災の延焼の過程で、建物の限定された一カ所で、同時に多くの隊員が、瞬時に殉職した事実から考察して、隊員達に無理な行動をしいた消防戦術に誤りであったと言わざるを得ない。

「天は我らを見捨てたのか」

殉職した隊員達は、帰還するはずの空母が炎上し、愛機と共に海原に消えて行く戦闘機のパイロットの心境であったに違いない。

「悪条件下、劣勢な消防力で果敢に空襲火災に挑んだ消防の歴史に誇るべき一ページを印した」との趣旨を語った、消防幹部の談話が虚《むな》しく感じられる。

なぜ、皇居炎上を検証しなかったのか

「なぜ、国力の差がある米国に戦争を仕掛けたのか。」

日本人は自国の責任として、戦争に踏み切った時から終戦までの戦争について検証をせず、自国の失敗の責任を、他国の戦勝国による極東国際軍事裁判に委ねた。

東京空襲にあっても、膨大な空襲記録資料を焼却し、消防も自らの手による検証責任を放棄し、米国戦略爆撃調査団による調査に委ねた。

これを「日本国は責任回避の楽園」と賢者は評した。

日本国の「ポツダム宣言」受諾で終戦となった。

「……戦争犯罪人に対して厳重なる処罰を加えられるべし」

この、ポツダム宣言の一文で、戦争責任からの逃避をはかる証拠隠滅の焼却処分を行い、「失敗から学べ」と言う検証を自ら放棄した。

本来、日本人が独自で考えるべき問題を他国に預けて「われ関せず」の無責任社会が、戦後の日本社会でも息づいていると言える。

災害国日本は幾多の災害を乗り越えて来た。そして今、巨大地震で原子力発電の放射能問題が問われている。

縦割りの弊害、責任所在の不透明さ、その場しのぎの身勝手な対応、「臭いものにふた」の情報隠ぺい、「失敗から学ぶ」の欠如、権威主義と人間不信の蔓延《まんえん》……、戦前の誤った轍《てつ》を、再び踏まない視点で、現代社会を見直す時にきていると言える。

皇居炎上は日本国の汚点として封じ込めず、新しい視点で検証する事も必要と思えるが、その動向は見当たらない。

どんな責任をとったのか

賢者は「日本国は責任回避の楽園」だったと評した。

皇居炎上の惨事で、責任を感じた者はいた。だが、自ら責任を問い、自ら責任をとった人はいたのであろうか。

天皇はお文庫の地下防空壕で一睡もできずに一夜を過ごし、侍従らから皇居が燃え落ちた事を聞いていた。沈痛なおもむきのお付きや警護の人たちに「ご苦労をかけた」と、天皇からお言葉がかけられた。又、天皇は後日、「自分も国民と苦労を分かち合えるようになり、かえって心やすく感じている」と側近に語られたと言う。皇居再建について「このままで良い」と御文庫での仮住まい生活を続け、国民と共に苦難を分かち合い、現在お住まいの吹上御所が完成したのは終後二三年経った、昭和四三年であった。

　戦後の日本国を統治する全権を握るマッカーサー元帥との初対面で、天皇は「私の身はどうなっても良い、あなたにすべてをお任せします」と語ったと言う。また、人間宣言をした天皇が、全国巡幸を決意し、親しく国民へ語りかけた行為は、国民へのお詫《わび》びの行脚であったと証する人も多く、遠い存在であった天皇と接し、打ちひしがれた国民の心に、生きる希望と勇気を与え、戦後の日本復興と平和日本へのみちすじをつける事に果たしたものは計り知れない。


　一方、皇居炎上でとった軍や宮内省の責任では、軍防空の責任者である東部軍司令官は辞職を申しでたが陸相は聞きいれず、皇居防空隊長と宮内大臣と同次長が辞任された。陸相自身も解任を強く求めたが天皇は解任を認めず、終戦時に陸相は自死という責任をとった。

　警視庁消防部長も進退伺いを警視総監に提出したが撤去され、後に消防総監の任に当たることになる。

　上層級幹部の責任意識は、主に皇居炎上に向けられ、皇居を護りきれなかった事への天皇に対する、お詫び的な責任志向が強く、それに比して、殉職者に目を向けた責任認識は薄かったと言える。

「上官の命令を承ること実に直に朕が命を承る義なり」の軍人勅諭を、上官の都合の良い責任転嫁の根拠にしていた傾向があった。

「弱者切り捨て」の弱肉強食の競争原理は、いつの時代にも人間社会には付きまとう。失態を失態と認めず、責任を転嫁し、責任を負わない社会は決して例外ではないと言える。

人生と言う永い歴史には、誰しもが、人それぞれの負の歴史を背負うものである。そして、その人その人の立場や状態等によって、受け止める負の軽重は異なり、受け止めた責任感覚も異なり、責任を果たすやり方も異なる。

空襲火災で救いを求める市民を見殺しにしたと、涙する消防官。

これでは危ないと、勇気を出して言えなかったと、自分の弱腰に腹立て、悔いる消防官。

赴任すると、まず最初に、過去の殉職者について聞きただし、負の歴史に対峙する消防署長。

退任の日、多くの犠牲者を出した火災現場の方角へ一人黙とうを捧げ、何も語らず消防界を去る消防官。

殉死した仲間の命日に詣で続ける、元学徒消防隊員と元消防官。

死と向き合った消防官達の責任の取り方は「祈り」にあった。

終章にかえて

責任について、二つのエピソードを紹介する……。

東京大空襲から五五年目の平成一二年、「生き残れたのは俺一人」と信じ切っていた二人の男が再会を果たした。

「こりゃダメだ」

大ヤケドを負い、包帯でグルグル巻にされてベットに伏す年少消防官の加瀬勇は、父の声で意識を取り戻した。

「生きたい」、ベットの上で、加瀬が初めて口から出た言葉であった。

「ばけもの」、ベットから離れ、加瀬が初めて鏡を見て出た言葉であった。

加瀬の顔面には赤いケロイド痕、手の指は曲がり動かぬ後遺症が残った。若人の加瀬は後遺症で悩み苦しみ、消防の職を辞した。

だが、それ以上に加瀬を苦しみ続けるものがあった。同じポンプ車で出動し、行方不明となった学徒消防隊員の父親の「家の息子を返せ！」の言葉であった。

「障害者になって初めて障害者の気持ちが理解できた」

「空襲を経験して初めて平和の尊さが分かった」

加瀬は実体験から得た教訓を信条とした。

加瀬は故郷へ帰り市議会議員になり、福祉政策に取り組み、身体障害者団体等の要職をもこなした。そして今、空襲体験の語り部として活躍している。

「俺は、これしかできないよ」と、加瀬は自分自身に課した責任を果たしている事だけだと答えた。

同年七月、日米の激戦地沖縄へ米国大統領が初めて訪れ、サミット会議が行われた記念すべき日、「生き残れたのは俺一人」と信じ切っていた二人の男が再会を果たした日でもあった。

偶然な事がきっかけで、同じポンプ車に同乗していて、消息不明であった学徒消防隊員の村山久が生存している事が判明、仲間達が眠る東京・江東区普門院「戦災殉難者供養之碑」の前で加瀬と村山はお互いに「生きていてくれたのか！」と、五五年ぶりに感動的な再会を果たし、初老の二人の男は抱き合い、感涙を流した。

そして平成二七年、共に卒寿を迎えた日、二人は男同志で長寿を祝い、旧友の仲を深めていた。「戦争と空襲を風化させない」が、殉職した仲間への我々の責任だと語り、次回の約束をしていた。

一〇四歳の長寿を全うし、元特別消防隊員で消防曹長、消防士補時代を勤務した飯田清の遺品が見つかった。

自分の天職とした消防人生の証しとして、採用通知から初給料表、異動命令書、表彰状などが年代別に自らの手で貼りのつめた一巻の巻物である。

家へ仕事を持ち込まない飯田清は、家族に消防生活を一切語ることがなかった。その語らなかった消防生活の歴史がこの巻物にはあった。

家人に見られないように、箱の底に仕《し》舞《ま》われていた遺品の巻物を見つけた子息は、巻物の空白に気付いた。昭和一七年から二〇年の四年間が空白となり抜け落ちていたのである。それは東京空襲の時代と一致した。

規律保持を旨とした消防訓律を叩き込まれた厳格さを地でいった飯田清を物語っていた。

空襲関係記録の焼却命令を飯田清は守り通した証しであった。

だが、子息は父の別の顔を知っていた。戦争と空襲の

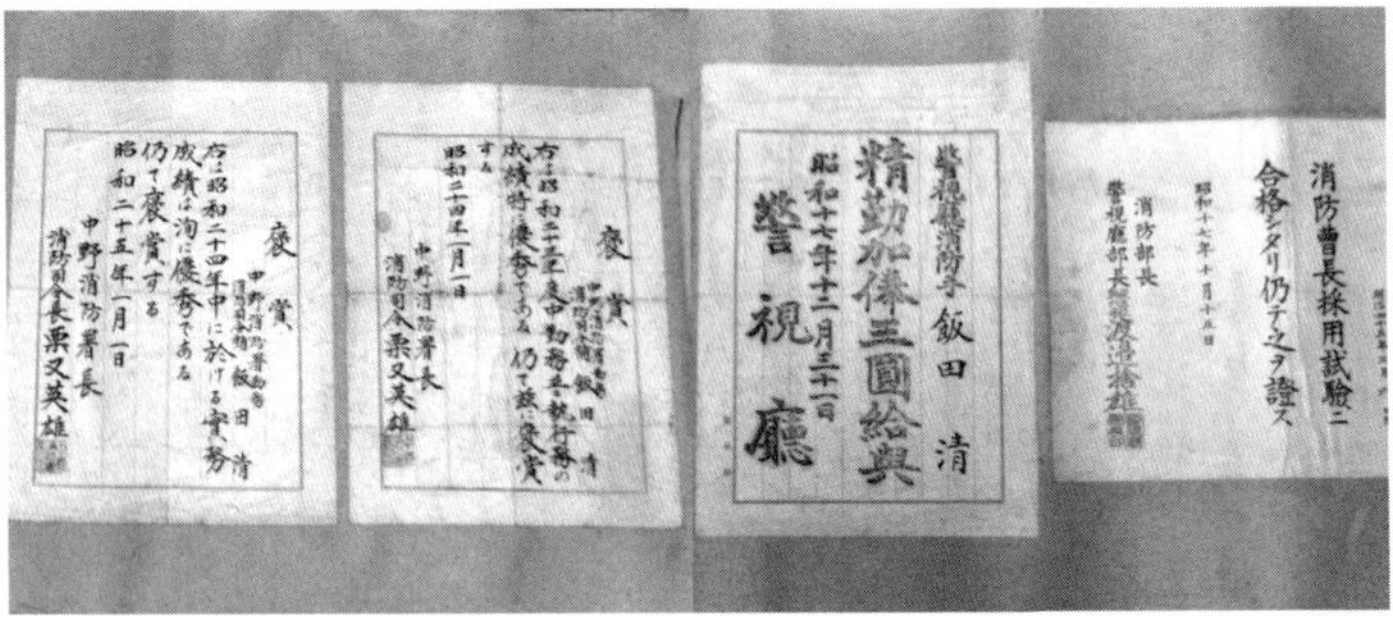

空白の四年間

ニュース画像や新聞記事を見ると顔をしかめ悲しそうな眼差《まなざ》しを見せ、家族旅行の際には神社仏閣への参拝を欠かさない信心深い父、そして、皇居炎上で多くの仲間が殉職した事を思い悩み、毎日、仏壇でお経を唱える慈悲深い父の後ろ姿を見て知っていた。

また、子息の一人は、「父は皇居とともに炎上した東京消防学校の前身、消防訓練所の跡地に建つ石碑（英国大使館前の千鳥ヶ淵公園内）を毎年二回清掃して参拝を欠かすことがなかった。このことも厳格さの証しだと思う」と語った。

飯田清は一つの責任の取り方を残した。


一八人の殉職者は今、北の丸公園の弥生慰霊堂に祀られ、毎年一〇月一三日前後には、警視総監と消防総監ら幹部が参列しての厳粛な慰霊祭が営まれている。参拝をする次代を担う若き警察・消防官らは、先輩たちの遺訓を胸に秘め、職務の責任を果たすことをここに誓う。

おわりに

叙勲の誉に浴し、普段は入れない宮城《きゅうじょう》内に初めて入れた。

「こんなに広いのに、なぜ、焼死したのか」

初めて見る宮城内は広々として、木々の葉が燃えるように真っ赤に染まっている、秋だった。

大勢の消防仲間と、玉砂利を踏みしめながら歩むうち、息がつまる重苦しさを感じてきた。

「殉職した場所は、このあたりか」

一人、歩みを緩め、気付かれないように手を合わせ、頭を下げた。

消防の仲間は誰一人、ここの場所で皇居炎上と共に先輩消防官が殉職したことに気付いてはいない。いや、この事実を知らないが正解かもしれない。

厳粛な儀式を終え、再び広場に立った。

そこに、空襲の惨禍を思いおこさせるものは何もない。広場は樹木に囲まれ、都会の喧騒がウソの様に静寂そのものであった。

国策と言う名のもとで、皇居を護るために殉職した英霊たちは今、ここで静かに眠っている。

服装を整え姿勢を正し「この勲章は先輩達のものです」と、おこがましくも、そう告げざるを得なかった。

先輩たちに会いに、再び、この場所へ立つことはないであろう。

ふり返ると、晩秋の落日が木陰にかかってきていた。

執筆の手を休めた時、決まってこの時の宮城内の事が思い浮ぶ。

今にして思うに、脱稿の目安がつき、ほっとした時、執筆を促した原点はここにあったと気づいた。


「戦争は憎しみだけを残していく」

いつ、どこで、誰が言ったのか記憶は定かでないが、私が戦争を考える時に、決まって最初に浮かぶ言葉になっている。

今、世界各地で頻繁に卑劣なテロが起き、罪のない多くの人々が犠牲になっている。

今、世界各地で戦争の火種となる紛争が起きている。そして北朝鮮からの長距離弾道ミサイルが発射され、世界が緊張に包まれた。

戦争は徹底的に憎め、しかし、人に対する恨みや憎しみだけでは永遠に平和と言う明かりは見えてこないと、私は思う。

脱稿を向かえていた時、オバマ米国大統領の歴史的な広島訪問があった。そして大統領は被爆者の一人を例にあげ「彼女が憎んでいたのは戦争だと気づいた」と語り「いつの日か被爆者の声は失われていくが、決して消えることとない」とも言い切った。

平和の火を灯し続けるには、過去に経験したあの忌まわしい、戦争や空襲を風化させてはならない。だが、戦争や空襲を知らない世代が大半を占め、今や、戦争を体験し、戦争を語り継ぐ人達は一握りの人達になった。

戦争と空襲のあったことは知っていても、三月一〇日が東京大空襲のあった日と知る人は少ない。まして、皇居が炎上して多くの消防官が殉職した事を知る人は皆無に近い。

何としても殉職した消防官のことを知っていて欲しい。そんな焦燥する気持ちを抑え、どうにか脱稿にこぎつけられた。

そして今、もの言えぬ、もの言わぬ消防戦士の声を、ささやかながら代弁することが出来たと自分自身を慰め、「先輩達のことは決して忘れない」と心に誓い、パソコンを閉じる。

出版にあたり、出版を快諾してくれた㈱近代消防社社長の三井栄志氏のご指導に感謝し、加えて叱咤激励を頂いた東京消防庁ＯＢで元習志野市議会議員の加瀬勇氏、元東京消防庁指導広報部長の有我政彦氏、㈲渡辺防災設備社長の渡辺瑞夫氏、元東京ガス広報室の高須利弘氏ら、多くの方々の温かいご協力を頂き、深く感謝いたします。

英霊たちは今、皇居を望む、北の丸公園の弥生慰霊堂で、静かに眠っている。
拙本を手に、私の一つの戦後を終えた報告をする。
そして「決して、忘れない」と誓う。

平成二八年六月

中澤　昭

「参考資料」

「東京大空襲・戦災誌」（東京空襲を記録する会）
「消防隊の記録」（警察消防通信社）
「日本本土防空戦」（徳間書店）
「日の丸は見ていた」（社会評論社）
「昭和天皇実録と戦争」（山川出版社）
「天皇の決断」（サンケイ新聞出版社）
「東京の消防百年の歩み」（東京消防庁）
朝日、読売、毎日、各新聞

【写真提供】 天ぷら・割烹「喜仙」　齋藤　良親

【資料提供】 長谷部義雄
飯田　富男
飯田　稔

●東京空襲被害一覧表（東京都戦災誌による）

年月日	時間	投下爆弾	投下焼夷弾	死傷者	被害家屋	罹災者	罹災地域
17 4．18	12:10 16:05	9	465	248	95	249	《荒川区》尾久八・九丁目、小台町《王子区》稲付一《小石川区》関口水道町《淀橋区》鶴巻町、戸塚一、西大久保三《葛飾区》金町末広通《大森区》大井関ヶ原町、大井滝王子町《品川区》東品川五、西品川四《豊島区》池袋三
19 11.24	12:15 15:00	217	135	551	332	1,325	《都下》武蔵野町、保谷町、小金井町、久留米村《荏原区》西戸越一、平塚一、東戸越二、豊町《品川区》西大崎一、五反田六《杉並区》荻窪四、天沼三、沓掛町、下井草、清水町、向井町《江戸川区》東小松川三、西一之江町二、春江町一、鹿骨町、西瑞江二《板橋区》東大泉町、南大泉町《芝区》東京港
19 11.27	13:10 15:04	63	32	90	143	486	《城東区》北砂町三・五・六・九・一〇、大島町六・七・八、葛西妙見島《江戸川区》小松川一、東船堀町、桑川町《渋谷区》竹下町、原宿一・三、穏田三、千駄谷二《赤坂区》青山南町五
							《神田区》美土代町、鎌倉町、司町、小川町三、錦町二

19 12.11	19 12.10	19 12.6	19 12.3	19 11.30	19 11.29
3:19 3:50	20:35 20:42	18:45	13:50 15:50	0:15 5:10	23:55 30日 2:45
			117	37	3
536	446	10	300	2,925	554
17	5	14	425	158	83
45	15	4	206	9,112	2,925
225	64	17	687	2,952	8,870
《大森区》入新井一、山王一《品川区》大井滝王子町、大井庚塚町、大井出石町、大井森前町、大井坂下町、大井水神町、大井原町	《城東区》南砂町六、北砂町五・六	《江戸川区》平井一・二、小松川四	《都下》武蔵野町、吉祥寺、保谷町、小金井町、田無町《杉並区》大宮前六、西荻窪一、《板橋区》練馬南町、豊玉北町、石神井関町、上石神井町、南大泉町、下石神井町《滝野川区》滝野川《江戸川区》一之江町一	《芝区》浜松町二、宮本町一、栄町、芝公園七号地《麻布区》飯倉片町、飯倉町三・六、六本木	・三《日本橋区》室町一・二・三・四、本石町四、本町二・三、小舟二、芳町一・二、通町一、江戸橋一・二、兜町二、茅場町一〜三、中州町《本所区》横川橋一〜三、東駒形三・四、厩橋四、吾妻橋二、平川橋一《江戸川区》平井一・二、小松川三・四、逆井二《城東区》北砂町五・七、南砂町七、亀戸二《深川区》永代町二、富岡町

年月日	時間	投下爆弾	投下焼夷弾	死傷者	被害家屋	罹災者	罹災地域
19 12.12	19:37 19:52		497	21	54	246	《豊島区》西巣鴨一、雑司ヶ谷一・二・三、日ノ出町、高田本町《小石川区》大塚坂下町
19 12.15	3:35 3:58	3	455	2	3		《江戸川区》西小松川三・四・五、東篠崎町
19 12.20	1:16 1:40		494	1	8	8	《世田谷区》玉川奥沢町三、玉川中町一・二、玉川等々力町二、玉川尾山町
19 12.21	21:35 21:40	11	4	25	17	136	《江戸川区》東小松川四、西小松川二
19 12.24	4:44 5:05		456		27		《江戸川区》小島町一・二《城東区》南砂町七
19 12.27	12:10 14:15	26	244	156	124	578	《都下》武蔵野町、吉祥寺、保谷町、古里村《杉並区》上荻窪二、東荻窪、荻窪二・三・四、高円寺一、和田本町《板橋区》豊玉上町二、練馬南町二、南大泉町、練馬高松町一、谷原町二、石神井関町、下赤塚町、徳丸本町《葛飾区》下千葉、四ツ木町、堀切町、宝木塚町、立石町、渋谷町、奥戸塚、堀江町《中野区》本町通六、西

	19 12.30	19 12.31	20 1.1	20 1.5	20 1.9
	3:42	21:44	0:05 0:30	21:00 22:10	14:00 15:05
	453	1,676	773	423	
	22	64	34	6	59
	244	866	39	13	30
	991	2,485	173	7	92
町、東郷町、江古田二《王子区》豊島町八、神谷町二《足立区》新田上町、新田下町《牛込区》弁天町《本郷区》駒込動坂《品川区》西大崎五《目黒区》上目黒二《荒川区》尾久町五	《浅草区》蔵前一・二・三、桂町、柳橋一・二、浅草橋《本所区》東両国一《日本橋区》浜町、矢ノ倉	《浅草区》小島町二、七軒町、永住町、北三筋町《下谷区》上野大門町、竹町、長者町、仲御徒町二、御徒町二《神田区》五軒町、栄町、元佐久間町、末広町、亀住町《本郷区》妻恋町、湯島三組町	《向島区》吾嬬一、吾嬬西一・四、寺島四《下谷区》車坂町、北稲荷町《浅草区》雷門二、公園二区、芝崎町一《江戸川区》東小松川二・三・四・五、西小松川一・二《本所区》向島一・二・三・四、向島請地町	《城東区》南砂町二・六、北砂町四《深川区》豊住町	《都下》武蔵野町、吉祥寺、保谷町、小金井町、田無町、東村山町、久留米村、武蔵野関町《杉並区》井荻二、関根町、上荻窪二、西窪二・三《深川区》豊洲町

年月日	時間	投下爆弾	投下焼夷弾	死傷者	被害家屋	罹災者	罹災地域
							《板橋区》石神井関町一・二、大泉学園町、練馬貫井町、北大泉町
20 1.11	0:44 2:27		70				《深川区》豊洲町
20 1.27	14:03 15:10	345	220	1,453	1,414	4,296	《麹町区》有楽町一・二、内幸町、丸ノ内三《京橋区》槇町一・三、京橋二、室町二、西八丁堀二・三、銀座一・二・四・五、銀座西一・二・四・五・六、木挽町四、築地一、新富町三、入船町三《浅草区》雷門一、松葉町、田島町《下谷区》上車坂町、神吉町《本郷区》東片町、丸山新町《麻布区》飯倉片町《向島区》寺島四、吾嬬西四・五、吾嬬東四・五《王子区》志茂町、稲付四《葛飾区》柴又一、高砂町、新宿《足立区》千住河原町、千住橋戸町《小石川区》久堅町《荒川区》日暮里四、三河島、町屋《江戸川区》東篠崎町、平井三・四、東小松川四、西篠崎町
20 1.28	22:00 22:15	6	454	30	524	1,916	《本郷区》駒込林町、駒込千駄木町、根津須賀町、駒込動坂町、駒込林町、駒込坂下町、肴町、蓬来町《下谷区》吉野町《荒川区》日暮里九

20 2.19	20 2.17	20 2.16	20 2.14	20 2．2	20 1.29
14:46 15:48	23:53	15:50 16:00	3:25	20:05	1:06 1:20
878	13	6	3	3	11
8,237	1				550
386	89	26	66	4	2
1,021	73	8	56	20	6
3,802	193	14	134	30	6
《王子区》豊島三〜七《深川区》東雲一・二、豊洲町四・五《京橋区》月島通一《赤坂区》青山南町《葛飾区》本田立石町、本田中原町、本田淡之須町、奥戸町《江戸川区》長島妙見島、小松川二、南篠崎町、江戸川一・五、東篠崎町、東小松川四・五、小岩町六《渋谷区》千駄谷五、金王町《足立区》南宮城町《世田谷区》烏山町、経堂、上北沢	《城東区》南砂町一・二・三、北砂町一・二《深川区》豊住町二、三好町三、木場四、平野町二	《都下》武蔵野町、保谷町、久留米村、立川市《蒲田区》羽田江戸見町、羽田鈴木町、穴守町 伊豆大島、八丈島	《向島区》吾嬬町東二・四丁目	《城東区》南砂町七丁目	《葛飾区》青砥町一・四、新宿一

年月日	20 2.24	20 2.25
時間	18:56 19:23	第一次 7:40　第二次 14:58 7:41　16:03
投下爆弾	11	261
投下焼夷弾	2	数万
死傷者	207	627
被害家屋	102	20,681
罹災者	634	76,285
罹災地域	《浅草区》蔵前二・三、三筋町一、小島町《下谷区》二長町、竹町、仲御徒町一、西黒門町、練塀《神田区》五軒町、末広町	《神田区》錦町一・五・五、美土代町、旭町、多町、須田町、神保町、小川町、司町、東松下町、富山町、美蔵町、紺屋町、西福田町、鍛冶町、駿河台、末広町、旅篭町、金沢町、岩本町、豊島町《麹町区》大手町、九段一《赤坂区》権田原、青山南町一・二・五・六、青山北町一・四・六《四谷区》坂町、本塩町《本郷区》神明町、動坂町、林町、坂下町、上富士前町《下谷区》竹町、車坂町、御徒町、元黒門町、広小路、上野桜木町、初音町二・三・四、茶屋町《浅草区》鳥越一、柳橋、浅草橋三、雷門二、花川戸一、菊屋橋一、三筋町一・二《本所区》東両国一・四、亀沢町、横綱町、緑町二・四、堅川町、菊川町、平川橋二・三・四、業平橋二・四・五《日本橋区》本町四、大伝馬一、小伝馬一・二、堀留二、久松町、馬喰町一〜四、富沢町、橘町五、横山町、中洲町、両国《荒川区》三輪町、上根岸町、中根岸町、南千住三、六〜八、三河島五〜八、日暮里四・五・七・九《足立区》長門町、栗原町、元木町、大谷田町《向島区》寺島五〜七、隅田町

20 3．4	20 2.26	
8.45 10.04	13.00	
340 以上	9	
2,221 以上		
735 以上	62	
1,280 以上	67	
9,286 以上	187	
《都下》田無町、保谷町、久留米村《深川区》扇橋一〜三、千田町、千石町三、海辺町、白河町三、平井町二・三、豊住町二・三《城東区》北砂町二〜四・七、南砂町二・四・七《豊島区》駒込二〜六、巣鴨二〜五、西巣鴨三・四《本郷区》上富士前町、浅嘉町、林町、坂下町、千駄木町、曙町、藍染町《杉並区》天沼三、沓掛町、中瀬町、下井草、西田町一《下谷区》初音町一・二・四、桜木町、三崎町、真島町、天王子茶屋町、上三崎北町《足立区》保木間町、北鹿浜町、南宮城町、下沼田町、辰沼町、内匠本町、五反野南町、大谷田町、高砂町、梅田町、八千代町、元木町二〜五、花畑町、六日町《荒川区》日暮里九《江戸川区》平井町四、小岩町六〜八《滝野川区》滝野川、西ヶ原町《葛飾区》平井中町《板橋区》戸田橋下流《赤坂区》台町《小石川区》原町	《荒川区》尾久一〇、三河島九《足立区》千住三、寿町、千住大川町、柳町、元町、本木町六	四、吾嬬東二《葛飾区》本田中原町、本田若宮町、本田立石町、柴又一、西淡之須町、新宿一・四・五、金町二・三・五《城東区》亀戸二・三・六、大島二・五〜七、南砂町五・六《江戸川区》逆井一、小松川四、船堀町、小岩六、平井四

年月日	時間	投下爆弾	投下焼夷弾	死傷者	被害家屋	罹災者	罹災地域
20 3.5	0:12 2:55	18	16	12	9		《目黒区》宮前町、柿ノ木坂《蒲田区》東六郷四《城東区》北砂町四、南砂町四《都下》砂川村
20 3.10	0:08 2:35	6	189,530	93,137	256,774	1,159,186	イ 被害甚大ナル区域 深川区、本所区、城東区、浅草区、向島区 ロ 被害大ナル区域 下谷区、神田区、日本橋区、荒川区、麹町区、芝区 ハ 被害軽微ナル区域 其ノ他十三区ヲ数フ
20 3.18	13:42	13		7			《浅草区》蔵前一、駒形一、鳥越二、桂町
20 3.30	11:52	8		23	14	50	《深川区》福住町一・二、深川一・二、平野一
20 3.31	12.18	10		66	142	103	《四谷区》須賀町、四谷一、坂町、片町、荒木町《牛込区》余丁町、谷町、台町、富久町
20 4.1	7:20 7:48	9		55	64		《豊島区》高田南町三《淀橋区》戸塚町二・三、諏訪町

20 4．7	20 4．4	20 4．2
9:50 10:40	1:12 4:15	2:32 3:55
581	1,662	1,803
	1,000以上	
59	1,193	247
107	2,358	215
100	827	821
《都下》神代町、調布町、保谷町、吉祥寺、三鷹町《板橋区》北大泉町、東大泉町、上石神井二、大泉学園町、石神井関町二、上板橋四《杉並区》善福寺町、久我山三	《都下》田無町、武蔵野町、東村山町、三鷹町、小平町、清瀬村、保谷町、久留米村、立川市富士見町二・五、羽衣町一、錦町一、柴崎町二、高松町一～三、村山町　砂川村、谷保村、拝島村、昭和町、日野町、川口村、加住村、福生町、国分寺町、府中町《蒲田区》小林町、羽田一、矢口町、下丸子町、西六郷三、仲六郷四、鈴木町、道塚町、穴守町、南糀谷四、蓮沼町《大森区》入新井五、馬込西四、田園調布、池上徳持町、上池上町、調布千鳥町、雪谷町、鵜木町《向島区》隅田町一《深川区》佐賀町二《芝区》仲門前町二・三、浜松町二・四、海岸通四、金杉川口町、金杉一・二、新堀町《日本橋区》両国、横山町《下谷区》二長町《淀橋区》柏木一《世田谷区》東玉川町《品川区》北品川三、九号埋立地《荏原区》東中延四、二葉町六	《板橋区》南大泉町、西大泉町、東大泉町、北大泉町、石神井関町一・二、下石神井一・二、上石神井一《杉並区》今川町、柿ノ木町四、宮町《都下》武蔵野町、田無町、東村山町、三鷹町、小平町、清瀬村、保谷町、久留米村、武蔵野関町、谷保村、鶴川村、多摩村

年月日	時間	投下爆弾	投下焼夷弾	死傷者	被害家屋	罹災者	罹災範囲
							《豊島区》長崎六《四谷区》旭町
20 4.12	10:58 11:55	174以上		137	147	200	《都下》田無町、保谷町、武蔵野町、水生村、忠生村《板橋区》上石神井一・二、下石神井二、北田中町、北大泉町、南大泉町、常盤台四、西台町《王子区》東十条三、中十条二《豊島区》日ノ出町三《滝野川区》滝野川町《荒川区》日暮里一
20 4.13　4.14	13日 23:18 14日　2:22	5以上	4,553以上	7,205	171,370	708,983	豊島区・淀橋区・小石川区・四谷区・麹町区・滝野川区・赤坂区・渋谷区・牛込区・荒川区ノ大部、板橋区・向島区・中野区・王子区・足立区・本郷区ノ各過半数、下谷区・葛飾区・日本橋区・杉並区・江戸川区の各一部、深川区・城東区・浅草区ノ各残存地域ノ一部（以上ノ如ク被害区域ハ殆ンド東京都内ノ全般ニ及ブ）
20 4.15	22:15 16日 1:10	207以上	18,088	2,561	70,244	263,895	《日本橋区》箱崎町《芝区》新橋二、愛宕町一・二、田村町二〜五《麻布区》市衛兵町、狸穴町、我善坊町、新網町一・二、永坂町、坂下町、網代町、宮下町《品川区》大井水神町、鈴ヶ森町、倉田町、元芝町、関ヶ原町、坂下町、山中町、南浜川町、五反田五《目黒区》唐ヶ崎町、鷹番町、中目黒二〜四、上目黒五・八、自由ヶ丘、原町、洗足町、月光町、碑文谷三、緑ヶ丘《荏原区》小

							山二～六、荏原四《大森区》山王下一・二、新井宿四、馬込東一・二・四、馬込西一・二・四、大森一～七、池上池倉、池上堤方、池上徳持町、池上本町、久ヶ原、田園調布三、調布千鳥町、調布鵜ノ木町、調布嶺町、一・二《蒲田区》全区ノ九九％焼失《世田谷区》上馬三、玉川深沢二、新町一・二、上野毛町、玉川仲町二、玉川奥沢町三、等々力二・三《渋谷区》丸山町《向島区》隅田町二・三《江戸川区》小松川一
20 4.19	10:30 10:45	機銃掃射		51	12		《都下》府中町、昭和町、大和村、武蔵野町、小平町、調布町《芝区》海岸通二、北四国町《荏原区》上神明町、宮村町《渋谷区》幡ヶ谷原町《世田谷区》若林町、宇奈根町、鳥山町、上馬町一、上北沢三《大森区》田園調布一、調布嶺町《杉並区》久我山三
20 4.24	8:30 9:30	1,231		513	235	400	《淀橋区》柏木一、淀橋町、西大久保四、百人町四《都下》立川市高松町、大和村、砂川村、小平町、東村山町、三田村、古里村
20 4.25	12:50	10			4		《都下》砂川村
20 4.28	12:15		8				立川市昭和町　陸軍航空廠内松林及ビ空地

年月日	時間	投下爆弾	投下焼夷弾	死傷者	被害家屋	罹災者	罹災範囲
20 4.29	12:30	11					立川市昭和町郷地
20 4.30	10:20 11:20	215		30	22	30	立川市富士見町、南多摩郡由井村、八王子市明神町
20 5.7	12:04 12:30	5					《足立区》元木町六《王子区》堀船町二
20 5.12		12		10	19	39	《足立区》六月町、竹塚町、栗原町
20 5.19	11:20 11:40	9		10以上	16		《浅草区》日本堤三・四《向島区》隅田町一《荒川区》南千住三
20 5.23	2:10 2:50		1,025				《麻布区》桜田町、飯倉町、笠町、新堀町、北日ヶ窪町、東鳥居坂町、霞町《浅草区》橋場二・三
20 5.24	1:36 3:50	4	76,518	4,800	64,487	224,601	目黒区・大森区・蒲田区・荏原区・渋谷区・芝区ノ大部 赤坂区・杉並区・世田谷区ノ一部 本郷区・京橋区・四谷区・豊島区・板橋区・江戸川区・中野区・麹町区ノ各残存地域宮城内ノ駐春閣・東宮仮御所・警手派出所

20 8.5	20 8.8	20 8.10	20 8.13	20 8.15
12:20	16:15 17:15	9:50 10:50	7:55 10:02	13:20
銃撃	160	314	33	
			1	76
185	131	492	77	
	201	1,662	81	5
	385	9,302	97	22
八王子市	《都下》武蔵野町、保谷町《板橋区》下石神井、上石神井《足立区》曙町、柳町一帯	《板橋区》志村小豆沢一～三、志村中台町、坂下町、蓮根町、練馬小竹町、練馬南町《足立区》加賀皿沼町、南鹿浜《王子区》稲村三・四、袋町一・二、神谷町、浮間町、柳田町、西稲付町、岩渕町、西町、東十条五・六《都下》霞村、多西村	《京橋区》湊町三、月島東仲通五・八、佃島町《芝区》白金三光町《品川区》東品川五、大井倉田町、大井出石町、大井滝王子町、北浜川町、山中町、関ヶ原町《大森区》大森二、新井宿四、入新井一、馬込東一《蒲田区》東蒲田三、女塚三・四、西六郷三、小林町《荏原区》戸越二	青梅町

20 7．8	20 7．6	20 6.11	20 6.10	20 5.29	20 5.25
12:20 13:42	12:08 13:20	11:50 12:05	7:58 9:40	8:45 10:45	22:30 26日 1:00
銃撃	焼夷実装ニヨル機銃掃射	機銃掃射	541		151
				3,350 以上	148,566
18	3		476	157	21,550
	1		615	1,403	165,454
			2,128	7,692	620,125
《都下》久留米村、保谷町、元八王子村、浅川町、昭和町、谷保村、国立《板橋区》成増町、上赤塚町、下赤塚町、土支田町	《都下》八王子市中野町、元八王子村、加住村	《都下》昭和町、大和村、八王子市中野町、明神町《世田谷区》成城町《杉並区》善福寺	《都下》大和村芋窪、村山村、国分寺町、立川市富士見町《板橋区》上板橋三～五、練馬南町一、練馬仲町六	《牛込区》河田町、富久町、余丁町、薬王寺町《四谷区》花園町焼跡《品川区》北品川一・三・四、大井坂下町、大井海岸町、高浜町、高輪南町《大森区》入新井一～五、大森二、新井宿二～四《蒲田区》北糀谷町、糀谷二《目黒区》上目黒五	中野区・四谷区・牛込区・麹町区・赤坂区・世田谷区・本郷区・渋谷区ノ大部　目黒区・杉並区ノ過半部、小石川区・江戸川区・下谷区・京橋区・淀橋区・足立区・神田区・荏原区・豊島区・王子区・日本橋区・板橋区・向島区・滝野川区・荒川区・葛飾区・城東区・浅草区・大森区・品川区ノ各一部　立川市・北多摩郡ノ各一部

年月日	時間	投下爆弾	投下焼夷弾	死傷者	被害家屋	罹災者	罹災地域
20 7.9	12:15 12:28	1	1				小石川
20 7.10	6:20 7:25	30	投下弾及び銃撃	28	4	若干	《板橋区》練馬高松町二、土支田町一、練馬田柄町、下赤塚町、成増町《都下》立川市芝崎町、曙町、高松町、多摩村、調布町
20 7.20	8:22	1		63	2		東京駅八重洲口
20 7.28	12:25	4	銃撃				西多摩郡霞村、東秋留村、西秋留村
20 7.29	10:19	1		12		35	北多摩郡保谷町
20 8.1～2	20:33 2日2:41	3	69,460	448	14,147	75,216	《都下》立川市富士見町、柴崎町、八王子市全地域（除中野町、大和田町全部及ビ台町、明神町、元横山町）、横山村、浅川町、元八王子村、川口村、加住村、由井村、福生町
20 8.3	12:20	銃撃		14			《杉並区》宿町、善福寺町《滝野川区》滝野川《王子区》赤羽駅構内

《著者紹介》

中澤　昭（なかざわ　あきら）
一九三七年　東京都板橋区生まれる。
法政大学法学部卒業
一九五六年　東京消防庁採用。金町、石神井、荒川、杉並、志村各消防署長を歴任。
一九九七年　東京消防庁を退任

主な著書

「消防の広報」　㈶全国消防協会
一一九番ヒューマンドキュメント「生きてて くれ！」（NTTメディアコープ）
一一九番ヒューマンドキュメント「救急現場の光と陰」　㈱近代消防社
「東京が戦場になった日」―なぜ、多くの犠牲者をだしたのか！　若き消防戦士と空襲火災記録―　㈱近代消防社
「9・11、JAPAN」―ニューヨーク・グラウンド・ゼロに駆けつけた日本消防士11人　㈱近代消防社
「9・11グラウンド・ゼロにはせ参じたサムライがいた」（諸君／文芸春秋社）
「なぜ、人のために命を賭けるのか」―消防士の決断―　㈱近代消防社
「暗くなった朝」―3・20地下鉄サリン事件―　㈱近代消防社
「激動の昭和を突っ走った消防広報の鬼」―おふくろさんから学んだ広報の心―　㈱近代消防社

皇居炎上

なぜ、多くの殉職者をだしたのか

平成二八年　八月一五日　第一刷発行
著　者―**中澤《なかざわ》　昭《あきら》**　©二〇一六
発行者―三井　栄志
発行所―**近代消防社**
〒一〇五―〇〇〇一
東京都港区虎ノ門二ノ九ノ一六（日本消防会館内）
TEL　〇三―三五九三―一四〇一
FAX　〇三―三五九三―一四二〇
URL=http://www.ff-inc.co.jp
E-mail=kinshou@ff-inc.co.jp
振替=〇〇一八〇―五―一一八五
印刷―長野印刷商工
製本―渋谷文泉閣
検印廃止　Printed in Japan
落丁本・乱丁本はお取り替えいたします。
ISBN978-4-421-00887-6 C0021　定価はカバーに表示してあります。